Spencer Johnson
Höhen und Tiefen

Spencer Johnson

Höhen und Tiefen

Wie Sie gute und schwere Zeiten meistern – im Job wie im Leben

Aus dem Amerikanischen von Marion Zerbst

ARISTON

Die amerikanische Originalausgabe erschien 2009 unter dem Titel *Peaks and Valleys* bei Atria Books, a division of Simon & Schuster, Inc., New York.

Verlagsgruppe Random House FSC-DEU-0100
Das für dieses Buch verwendete FSC-zertifizierte Papier *Munken Premium* liefert Arctic Paper Munkedals AB, Schweden.

Bibliografische Information der Deutschen Bibliothek

Die Deutsche Bibliothek verzeichnet diese Publikation in der Deutschen Nationalbibliografie; detaillierte bibliografische Daten sind im Internet unter http://dnb.ddb.de abrufbar.

Umschlaggestaltung: ZERO Werbeagentur, München
Satz: EDV-Fotosatz Huber/Verlagsservice G. Pfeifer, Germering
Druck: GGP Media GmbH, Pößneck
Printed in Germany 2009

ISBN 978-3-424-20020-1

Die wahre Entdeckungsreise besteht nicht darin, neue Landschaften zu sehen, sondern das Leben mit neuen Augen zu betrachten.

Marcel Proust

Das Geheimnis des Wissens besteht darin, es nicht nur zu besitzen, sondern auch anzuwenden.

Konfuzius

Inhalt

Vorgeschichte 9

Die Geschichte von den Gipfeln und Tälern des Lebens 13

1 – Im Tal des Lebens 15
2 – Auf der Suche nach Antworten 19
3 – Rückschläge im Tal 41
4 – Auszeit oder Flucht? 49
5 – Ein Lernprozess 53
6 – Die Entdeckung 71
7 – Gedankenaustausch 89
8 – Von Gipfeln und Tälern 95
9 – Das Leben auf dem Gipfel 109

Nach der Geschichte 113

Über den Autor 121

Vorgeschichte

An einem regnerischen Abend in New York beeilte sich Michael Brown, jemanden zu treffen, der ihm von einem Freund empfohlen worden war, um ihm durch eine Krise zu helfen. Als er das Café betrat, ahnte er nicht, wie wertvoll die nächsten Stunden für sein Leben sein würden.

Als er Ann Carr sah, war er überrascht. Er hatte gehört, dass sie eine ziemlich schwere Zeit durchgemacht hatte, und damit gerechnet, dass man ihr das irgendwie ansehen würde. Doch sie wirkte optimistisch und voller Tatendrang.

Nachdem die beiden ein paar einleitende Worte gewechselt hatten, sagte Michael: »Dir scheint es ja ganz gut zu gehen, trotz der schweren Zeit, die du durchgemacht hast.«

»Ja, es geht mir tatsächlich gut«, bestätigte sie, »sowohl beruflich als auch privat. Aber nicht *trotz* der schweren Zeit, die ich durchgemacht habe, sondern gerade *wegen* dieser schweren Zeit – weil ich gelernt habe, sie zu meinem Vorteil zu nutzen.«

»Wie ist dir das gelungen?«, fragte Michael erstaunt.

»Na ja, zum Beispiel hatte ich früher immer gedacht, dass die Abteilung, in der ich arbeitete, eigentlich ganz gut liefe. Dabei stimmte das gar nicht. Wir hatten zwar Erfolg, aber im Lauf der Zeit waren wir zu selbstzufrieden geworden. Und als uns das endlich bewusst wurde, war uns die Konkurrenz schon weit voraus. Mein Chef wurde immer unzufriedener mit mir. Das frustrierte mich, und ich hatte das Gefühl, die Situation so rasch wie möglich wieder in

Ordnung bringen zu müssen. Von da an wurde meine Arbeit von Tag zu Tag stressiger.«

»Und was ist dann passiert?«, fragte Michael.

»Letztes Jahr hörte ich eine Geschichte von einem Arbeitskollegen, den ich sehr schätze«, erwiderte sie. »Diese Geschichte hat meine Sichtweise auf ›gute‹ und ›schlechte‹ Zeiten verändert und ich verhalte mich seitdem anders. Sie hat mir geholfen, gelassener und gleichzeitig erfolgreicher zu werden, egal, ob es gerade gut oder schlecht läuft, auch im privaten Bereich. Ich werde sie nie vergessen!«

»Und was ist das für eine Geschichte?«

Ann schwieg für einen Moment. »Ich würde gern erst einmal erfahren, warum du sie hören möchtest«, sagte sie dann.

Widerstrebend gab Michael zu, dass er fürchtete, seinen Arbeitsplatz zu verlieren, und dass es in letzter Zeit auch zu Hause nicht so gut lief.

Er musste gar nicht mehr sagen. Sie spürte, wie unangenehm es ihm war, darüber zu sprechen. »Klingt ganz so, als ob du diese Geschichte genauso nötig hättest wie ich«, sagte sie.

Sie versprach, ihm die Geschichte zu erzählen – aber nur unter einer Bedingung: Wenn er sie für hilfreich hielt, sollte er sie mit anderen Menschen teilen. Michael war einverstanden, und Ann bereitete ihn darauf vor, was ihn erwartete. »Ich habe folgende Erfahrung gemacht: Um diese Geschichte wirklich für die Höhen und Tiefen des Lebens umsetzen zu können, muss man sie sowohl mit dem Herzen als auch mit dem Verstand verinnerlichen. Außerdem solltest du die vielen Lücken in der Geschichte mit deinen eigenen Erfahrungen füllen, um herauszufinden, was für *dich persönlich* wahr ist. Die Lektionen, die man aus dieser Geschichte lernen kann, wiederholen sich ziemlich häufig – aber immer auf etwas andere Weise.«

»Und warum wiederholen sie sich?«, fragte Michael.

»Mir ist es dadurch leichter gefallen, sie mir zu merken. Und weil sie sich mir so tief eingeprägt haben, setze ich sie in meinem Leben jetzt auch öfter ein. Ich gehöre zu den Menschen, die sich innerlich gegen Veränderungen wehren«, gab Ann zu. »Also muss ich etwas Neues erst mehrere Male hören, bis es irgendwann die Barriere meines kritischen, misstrauischen Verstandes überwindet, mir in Fleisch und Blut übergeht und mein Herz berührt. Irgendwann ist es dann ein Teil von mir.

Genau das ist mir passiert, nachdem ich intensiv über diese Geschichte nachgedacht hatte. Aber diese Erfahrung musst du selbst machen.«

»Glaubst du wirklich, dass eine Geschichte so viel verändern kann?«, fragte Michael. »Mir geht es im Augenblick wirklich nicht so besonders gut.«

»Na also, was hast du dann noch zu verlieren?«, erwiderte Ann. »Als ich die Lektionen aus dieser Geschichte in meinem Leben und in meinem Verhalten umsetzte, hat sich bei mir eine ganze Menge verändert. Manchen Leuten«, räumte sie ein, »bringt die Geschichte nicht viel, andere profitieren sehr davon! Eigentlich ist sie gar nicht so etwas Besonderes. Es kommt nur darauf an, was man daraus macht. Und das hängt natürlich von dir selbst ab.«

Michael nickte. »Na schön. Ich glaube, ich würde die Geschichte wirklich gern hören.«

Während des Essens begann Ann zu erzählen, und sie endete erst, als die beiden ihren Nachtisch gegessen und ihren Kaffee getrunken hatten.

DIE GESCHICHTE VON DEN GIPFELN UND TÄLERN DES LEBENS

1
Im Tal des Lebens

Es war einmal ein intelligenter junger Mann, der in einem Tal wohnte und dort sehr unglücklich war – bis er einen alten Mann traf, der auf dem Gipfel eines Berges lebte.

Als Kind war der junge Mann in seinem Tal sehr glücklich gewesen. Er hatte auf den Wiesen gespielt und war im Fluss geschwommen.

Er hatte nie etwas anderes kennengelernt als dieses Tal und dachte, er würde sein ganzes Leben dort verbringen.

Manchmal war es in dem Tal bewölkt, dann schien wieder die Sonne, doch seine Tage liefen alle nach dem gleichen Muster ab, und das fand er tröstlich und beruhigend.

Als er älter wurde, fielen ihm jedoch nach und nach die negativen Seiten seines Lebens in dem Tal stärker auf als die positiven. Er fragte sich, warum er früher nie bemerkt hatte, was hier alles nicht stimmte.

Der junge Mann wurde immer unglücklicher, obwohl er selbst nicht genau wusste, warum.

Er versuchte es mit verschiedenen Jobs, die ihm in dem Tal angeboten wurden, aber keiner entsprach seinen Erwartungen.

Von einem seiner Chefs wurde er ständig für seine Fehler kritisiert, während das, was er richtig machte, niemandem aufzufallen schien.

In einem anderen Job war er nur einer von vielen, und es schien gar keine Rolle zu spielen, ob er sich bei seiner Arbeit anstrengte oder kaum etwas tat. Sein Beitrag verpuffte unbemerkt und nicht einmal ihm selbst wurde je richtig bewusst, was er eigentlich geleistet hatte.

Eines Tages glaubte der junge Mann, endlich gefunden zu haben, wonach er suchte. Er fühlte sich an seinem Arbeitsplatz anerkannt und gefordert, seine Kollegen waren nett, und er war stolz auf das Produkt, das sein Unternehmen herstellte. Allmählich arbeitete er sich nach oben und er wurde Leiter einer kleinen Abteilung.

Leider begleitete ihn immer das Gefühl, dass sein Arbeitsplatz nicht sicher sei.

Privat lief es auch nicht viel besser. Er erlebte eine Enttäuschung nach der anderen.

Der junge Mann fühlte sich von seinen Freunden unverstanden und auch seine Eltern meinten, das sei »nur so eine Phase«, die er gerade durchmache.

Eines Tages fragte er sich, ob es ihm woanders nicht vielleicht besser gehen würde.

Manchmal stand er auf der Wiese und blickte sehnsüchtig zu den majestätischen Gipfeln empor, die das Tal überragten.

Dann schloss er die Augen und stellte sich vor, wie es wäre, auf dem nächstgelegenen Gipfel zu stehen, was ihm für eine kurze Zeit Auftrieb gab.

Doch je häufiger er den Gipfel mit seinem Tal verglich, desto schlechter fühlte er sich.

Deshalb erzählte er seinen Eltern und Freunden von seinem Vorhaben, den nahe gelegenen Berg zu besteigen. Doch sie sprachen nur davon, wie schwer es sein würde, den Gipfel zu erreichen, und wie bequem das Leben hier unten im Tal doch war.

Alle rieten ihm davon ab, an einen Ort zu gehen, an dem sie selbst noch nie gewesen waren.

Der junge Mann liebte seine Eltern und wusste, dass ihre Worte einen wahren Kern hatten. Aber ihm war auch bewusst, dass er ein anderer Mensch war als sein Vater und seine Mutter.

Manchmal überkam ihn das Gefühl, dass es vielleicht auch noch eine ganz andere Art von Leben außerhalb seines Tals gab. Dieses Leben wollte er gerne kennenlernen. Vielleicht würde er die Welt vom Gipfel aus besser überblicken können.

Doch dann beschlichen ihn wieder Ängste und Zweifel, und er beschloss, lieber dort zu bleiben, wo er war.

Lange Zeit konnte der junge Mann sich nicht dazu entschließen, sein Tal zu verlassen.

Doch eines Tages dachte er an seine Kindheit zurück, und er sah, wie viel sich seitdem verändert hatte. Er war mit sich selbst nicht mehr im Reinen.

Ohne zu wissen, was genau seine Meinung geändert hatte, wurde ihm plötzlich klar, dass er auf diesen Gipfel steigen musste.

Also schob er seine Ängste beiseite und bereitete so schnell wie möglich seine Reise vor, um sich auf seine Wanderung zum nächstgelegenen Gipfel zu machen.

Es war kein einfacher Aufstieg. Der junge Mann brauchte viel länger, als er gedacht hatte, um auch nur die Hälfte des Weges zurückzulegen.

Doch je höher er stieg, desto belebender empfand er den kühlen Wind und die frische Luft. Von hier oben sah sein Tal plötzlich viel kleiner aus.

Als er da unten gelebt hatte, hatte er die Luft eigentlich immer als ziemlich rein empfunden. Doch als er nun hinuntersah, bemerkte er die blassbraune stehende Luft im Talkessel.

Er wandte sich wieder um und stieg weiter. Je höher er kam, umso weiter konnte er sehen.

Plötzlich endete der Weg, dem er bisher gefolgt war.

Der junge Mann wusste nicht mehr weiter und verirrte sich inmitten der dichten Bäume, die kein Tageslicht durchließen. Er fürchtete, nicht wieder aus dem Wald herauszufinden.

Also beschloss er, einen gefährlich schmalen Grat zu überqueren – und stürzte. Blutend und voller blauer Flecken mühte er sich wieder auf und wanderte weiter.

Schließlich entdeckte er einen neuen Weg.

Die Warnungen der Talbewohner gingen ihm durch den Kopf. Doch dann nahm er seinen ganzen Mut zusammen und setzte seine Wanderung fort.

Je höher er stieg, desto glücklicher machte ihn der Gedanke, das Tal verlassen zu haben und auf dem Weg zu etwas völlig Neuem zu sein.

Als er die Wolkengrenze überschritten hatte, bemerkte er, dass es ein schöner Tag war. Der junge Mann malte sich aus, wie wohl der Sonnenuntergang vom Gipfel aus aussehen würde. Er konnte es gar nicht mehr erwarten, die Sonne von dort oben untergehen zu sehen.

2
Auf der Suche nach Antworten

Trotz aller Anstrengung und seines Eifers erreichte der junge Mann den Gipfel erst bei Einbruch der Nacht. Er setzte sich und stöhnte: »Oh nein – ich habe ihn verpasst!«

»Was hast du verpasst?«, fragte eine Stimme aus der Dunkelheit.

Erschrocken fuhr der junge Mann herum und sah einen alten Mann einige Meter entfernt auf einem Felsblock sitzen.

»Tut mir leid, ich habe dich gar nicht gesehen«, stammelte er erschrocken. »Ich habe den Sonnenuntergang verpasst, den ich vom Gipfel aus beobachten wollte. Irgendwie scheint es mir in meinem Leben immer so zu gehen.«

Der alte Mann lachte. »Das Gefühl kenne ich«, sagte er.

In diesem Augenblick konnte der junge Mann noch nicht wissen, dass er gerade einen der gelassensten und erfolgreichsten Menschen der Welt kennengelernt hatte. Sein Gegenüber schien ihm einfach nur ein netter alter Mann zu sein.

»Und wie findest du den Ausblick jetzt?«, fragte der alte Mann.

»Welchen Ausblick?«, fragte der junge Mann zurück. Er kniff die Augen zusammen und blinzelte in die Dunkelheit, konnte aber keine Aussicht erkennen. Allmählich kam ihm sein neuer Bekannter etwas eigenartig vor.

Der alte Mann lehnte sich zurück und blickte zum Himmel empor.

Da schaute auch der junge Mann nach oben und sah Hunderte von Sternen am Himmel funkeln. Von seinem Tal aus hatte er die Sterne noch nie so klar und deutlich erkennen können.

»Schön, nicht wahr?«, sagte der alte Mann.

»Ja«, sagte der junge Mann in ehrfürchtigem Staunen. Beim Anblick der Sterne kehrte plötzlich Friede in sein Herz ein. »Die waren schon die ganze Zeit über da, nicht wahr?«

»Ja und nein«, erwiderte der alte Mann. »Ja, sie waren schon die ganze Zeit da. Du musstest nur deine Sichtweise ändern.«

Dann fügte er hinzu: »Aber eigentlich sind sie doch nicht da. Die Wissenschaft sagt, dass ein großer Teil des Lichts, das wir heute sehen, vor Jahrmillionen von verlöschenden Sternen ausgesandt wurde, die inzwischen schon längst nicht mehr da sind.«

»Es ist schwer herauszufinden, was real ist und was nicht«, sagte der junge Mann kopfschüttelnd.

Der alte Mann erwiderte nichts. Er lächelte nur.

Als der junge Mann ihn fragte, weshalb er lächle, antwortete der alte Mann: »Ich musste gerade daran denken, wie oft ich mich in deinem Alter genauso gefühlt habe wie du. Wie ich mich bemühte, Realität und Fiktion auseinanderzuhalten.«

Eine Weile saßen sie schweigend da und bestaunten das Lichterspiel am Himmel.

»Warum bist du auf diesen Gipfel gestiegen?«, fragte der alte Mann schließlich.

»Das weiß ich selbst nicht so genau«, gab der junge Mann zu. »Wahrscheinlich bin ich auf der Suche nach irgendetwas.«

Er begann dem alten Mann zu erzählen, wie unglücklich er unten in seinem Tal gewesen war und dass er einfach das Gefühl habe, es müsse doch noch ein besseres Leben geben.

Und er erzählte ihm auch von den verschiedenen Jobs, die er ausprobiert hatte, von den Beziehungen, die irgendwie nie funktionierten, und von dem Gefühl, seine wahren Möglichkeiten nicht richtig auszuschöpfen.

Er staunte selbst darüber, dass er einem völlig fremden Menschen so viel von sich verriet.

Der alte Mann hörte aufmerksam zu und sagte schließlich: »Ich weiß noch, wie niedergeschlagen ich selbst früher oft war. Ich erinnere mich heute noch daran, wie ich mich fühlte, als mir meine erste Arbeitsstelle gekündigt wurde. Es war furchtbar. Und so sehr ich mich auch bemühte, ich fand einfach keine andere Arbeit.«

»Und was hast du dann gemacht?«

»Na ja, lange Zeit – *zu* lange – war ich einfach nur wütend und deprimiert. Damals lief mein Leben nicht besonders gut. Doch dann erzählte mir ein guter Freund, den ich nie vergessen werde, etwas, das mein ganzes Leben verändert hat.«

»Und was war das?«, fragte der junge Mann.

»Er nannte es die *Gipfel-und-Täler-Strategie*, mit der man die Höhen und Tiefen, die guten und die schlechten Zeiten des Lebens meistert. Je öfter du diese Strategie in deinem Beruf und in deinem Privatleben einsetzt, umso erfolgreicher und gelassener wirst du werden. Zunächst war ich ziemlich skeptisch«, setzte der alte Mann hinzu, »doch bald stellte sich heraus, dass diese Strategie wirklich funktionierte. Diese Erkenntnis hat mein Leben und meine Karriere ungeheuer beeinflusst.«

»Inwiefern?«, fragte der junge Mann.

»Sie veränderte meine Einstellung zu den Höhen und Tiefen des Lebens. Und dadurch änderte sich auch mein *Verhalten.*«

»Wie zeigte sich das?«, fragte der junge Mann.

»Mein Freund hat mir drei Dinge klargemacht: wie man länger auf einem Gipfel bleibt, wie man schneller aus einem Tal herauskommt und wie ich es in Zukunft schaffen kann, in meinem Leben mehr Höhen und weniger Tiefen zu erleben.«

Das ist eigentlich zu schön, um wahr zu sein, dachte der junge Mann. Doch schließlich war er hier, um Antworten zu finden, und außerdem war er neugierig. »Erzählst du es mir?«, bat er den alten Mann.

»Ja, aber nur unter der Bedingung, die auch mein Freund mir damals gestellt hat: Wenn es dir hilft, was ich dir erzähle, sollst du es mit anderen Menschen teilen.«

»Warum soll ich es anderen Menschen erzählen?«, fragte der junge Mann etwas überrascht.

Der alte Mann erwiderte lächelnd: »Aus zwei Gründen: erstens, um anderen zu helfen; zweitens, um dir selbst zu helfen. Wenn deine Mitmenschen wissen, wie sie sowohl mit guten als auch mit schweren Zeiten umgehen können, werden sie sich weniger sorgen und es wird ihnen besser gehen. Und das wiederum macht auch dein Leben angenehmer.«

Der junge Mann versprach, seine Erkenntnisse mit anderen zu teilen. So fuhr der alte Mann fort: »Wir sollten damit beginnen:

Alle Menschen erleben in
ihrem beruflichen und privaten
Leben Gipfel und Täler.
Das ist völlig natürlich.

Der junge Mann war enttäuscht. Das war eigentlich nicht die Antwort, auf die er gehofft hatte.

»Was meinst du mit ›Gipfel und Täler‹?«, fragte er.

»Deine *persönlichen* Höhen und Tiefen – das Auf und Ab, mit dem du in deinem Berufs- und Privatleben immer wieder konfrontiert wirst. Manchmal dauern diese guten oder schlechten Zeiten nur wenige Momente, manchmal aber auch Monate oder sogar noch länger. Diese persönlichen Höhen und Tiefen sind genauso normal wie die Gipfel und Täler der Erdoberfläche. Und beide sind auf ähnliche Weise verteilt und miteinander verbunden. Vielleicht fühlst du dich in einem bestimmten Bereich deiner Arbeit oder deines Lebens gerade auf dem Höhepunkt, in einem anderen Bereich dagegen auf dem Tiefpunkt. Das ist ganz natürlich. So ergeht es allen Menschen auf dieser Welt, in allen Kulturen. Es gehört einfach zum Leben dazu.«

»Dann bin ich also wenigstens nicht der Einzige, dem es so geht«, seufzte der junge Mann.

Der alte Mann lachte. »Ganz und gar nicht! Auch wenn es dir vielleicht manchmal so vorkommt. Die Höhen und Tiefen, die wir erleben, unterscheiden sich natürlich jeweils sehr stark voneinander«, fügte er hinzu. »Denn es gibt keine zwei Menschen, die genau das Gleiche erleben – nicht einmal in ähnlichen Situationen. Du kannst dir das ungefähr so vorstellen:

Gipfel und Täler sind nicht einfach nur die guten und schlechten Zeiten, die du erlebst. Sie spiegeln auch deine Gefühle und deine Reaktionen auf äußere Ereignisse wider.

»Deine Gefühle wiederum hängen weitgehend von deiner Sicht auf die Situation ab. Du musst nur das, was dir passiert, davon trennen können, wie wertvoll und gut du dich als Person fühlst. Ich habe gelernt, dass man sich durchaus gut fühlen kann, selbst wenn einem schlimme Dinge widerfahren.«

»Du meinst also, irgendwie hätte ich trotzdem glücklich sein sollen, obwohl in meinem Leben da unten im Tal vieles schiefgelaufen ist?«, fiel der junge Mann ihm ins Wort. »Es tut mir leid, dir widersprechen zu müssen! In meinem Leben da unten hat *überhaupt nichts* funktioniert! Für dich ist es einfach, hier oben zu sitzen und solche Behauptungen aufzustellen. Dein Leben hier auf dem Gipfel hat doch überhaupt nichts mit meinem Leben da unten im Tal zu tun! Ich komme aus einer ganz anderen Welt.«

Der Wutausbruch des jungen Mannes schien den alten Mann nicht weiter zu kränken. Er blieb ganz ruhig.

Nach einer Weile beruhigte sich der junge Mann wieder. Beschämt sagte er: »Entschuldige, wahrscheinlich nimmt mich das alles doch mehr mit, als ich gedacht habe.«

Der alte Mann nickte. »Das kann ich verstehen. Du glaubst also, mein Leben hier oben hätte mit deinem Leben da unten im Tal rein gar nichts zu tun? Lass mich dich etwas fragen: Ist dir auf deinem Weg zum Gipfel irgendwo eine Schlucht aufgefallen – ein großes Loch in der Erde, das dein Tal von diesem Gipfel trennt?«

»Nein«, sagte der junge Mann. »Wo sollte diese Schlucht denn gewesen sein?«

Der alte Mann antwortete nicht.

Der junge Mann dachte kurz nach und lachte dann. »Wahrscheinlich gibt es gar keine, stimmt's?«

»Richtig«, bestätigte der alte Mann.

»Weil Gipfel und Täler miteinander verbunden sind«, sagte der junge Mann.

»Gut beobachtet«, lächelte der alte Mann. »Wer kann sagen, wo der höchste Teil eines Tals aufhört und der tiefste Teil eines Gipfels beginnt? Der Schlüssel ist, sich nicht nur klarzumachen, dass sowohl natürliche Gipfel und Täler und als auch persönliche Höhen und Tiefen miteinander verbunden sind, sondern auch, *wie* sie miteinander in Verbindung stehen.« Dann fuhr er fort:

*Gipfel und Täler sind untrennbar
miteinander verbunden.
Aus den Fehlern, die du machst,
wenn es dir gut geht, gehen
die schlechten Zeiten
von morgen hervor.
Und aus den klugen Schritten,
die du unternimmst, wenn es dir
schlecht geht, entstehen die
guten Zeiten von morgen.*

»Menschen, die diese Methode beispielsweise in schlechten Zeiten anwenden, verbessern ihre Situation, indem sie sich auf das Wesentliche konzentrieren.«

»... und daraus entstehen dann später wieder gute Zeiten!«, vervollständigte der junge Mann den Gedanken.

»Ja«, bestätigte der alte Mann. »Aber leider können viele Menschen mit guten Zeiten nicht richtig umgehen. Sie erkennen nicht, dass sie dadurch selbst schlechte Zeiten für ihre Zukunft herbeiführen. Sie verschwenden zu viele Ressourcen und ignorieren das, worauf es wirklich ankommt. Und rate mal, was dann passiert?«

»Dann kommen wieder schlechte Zeiten!«, sagte der junge Mann.

Er musste zugeben, dass dies wirklich einen Sinn ergab. »Also führen wir unsere guten und schlechten Zeiten selbst herbei, weit mehr, als es uns tatsächlich bewusst ist.«

»Richtig!«, rief der alte Mann. Seine Augen leuchteten, als er merkte, dass der junge Mann allmählich eigene Schlüsse zog. »Vielleicht ist es für heute Abend genug zum Nachdenken«, sagte er. »Wenn du möchtest, können wir morgen weiter darüber reden.«

»Ja, das würde ich gerne tun.«

Der alte Mann wünschte ihm eine gute Nacht und ging fort. Der junge Mann schlug sein Zelt auf.

Beim Einschlafen dachte er darüber nach, wie seine persönlichen Höhen und Tiefen miteinander in Verbindung stehen könnten.

Am nächsten Tag war der alte Mann schon am frühen Morgen wieder da. Er hatte eine Thermoskanne mit heißem Kaffee mitgebracht.

In der hellen Morgensonne fiel dem jungen Mann auf, wie klar die Augen des alten Mannes waren. »Du scheinst tatsächlich glücklich zu sein«, sagte er. »Liegt das daran, dass du immer hier oben auf dem Gipfel lebst?«

»Nein, das ist nicht der Grund. Und ich lebe auch gar nicht immer hier. Ab und zu muss ich ins Tal hinuntergehen, um Lebensmittel und andere Dinge zu kaufen, die ich hier oben benötige.«

Da der junge Mann noch ziemlich verschlafen war, hatte er die Worte des alten Mannes gar nicht so richtig mitbekommen. »Ich glaube, ich könnte hier oben für immer glücklich sein«, meinte er.

»Nein, das kannst du nicht«, sagte der alte Mann. »Niemand kann für immer an einem Ort bleiben. Selbst wenn du dich physisch nicht von der Stelle bewegst, bist du innerlich doch immer unterwegs. Das Geheimnis besteht darin, alles, was du erlebst, so zu akzeptieren und zu genießen, wie es ist.«

»Da bin ich mir nicht so sicher«, sagte der junge Mann. »Ich weiß nur, dass ich das Leben hier oben in dieser kühlen, frischen Luft einfach herrlich finde. Wie soll ich denn die Zeit genießen, die ich in einem Tal verbringen muss?«

»Wie es dir im Tal ergeht«, sagte der alte Mann, »hat viel damit zu tun, wie lange du dort bleibst. Du kannst dir diese Höhen und Tiefen so vorstellen:

Gipfel sind Augenblicke,
in denen du zu schätzen weißt,
was du hast.
Täler sind Augenblicke,
in denen du dich danach sehnst,
was dir fehlt.

»Interessant«, sagte der junge Mann. »Aber mir scheint es, als ob ein Gipfel immer ein Gipfel und ein Tal immer ein Tal bleibt – egal, wie ich darüber denke. Was haben meine Gedanken denn damit zu tun?«

»Erinnerst du dich noch daran, was du als Erstes gesagt hast, als du hier auf dem Gipfel ankamst?«, fragte der alte Mann.

Der junge Mann dachte lange nach, konnte sich aber nicht mehr daran erinnern.

»Du hast gesagt: ›Oh nein – ich habe ihn verpasst!‹ Du warst so sehr damit beschäftigt, dich zu ärgern, dass du den Sonnenuntergang verpasst hast, dass dir die Sterne gar nicht aufgefallen sind. Du konntest dich nicht einmal mehr richtig darüber freuen, dass du den Aufstieg zum Gipfel geschafft hast. Wie, denkst du, hättest du dich gefühlt, wenn du die Arme hochgeworfen und geschrien hättest: ›Hurra! Ich habe es geschafft!‹?«

»Also habe ich diesen Höhepunkt in meinem Leben selbst zu einem Tiefpunkt gemacht«, seufzte der junge Mann. »Ich habe den Aufstieg auf einen Gipfel geschafft, von dem ich jahrelang geträumt hatte. Trotzdem hatte ich in diesem Augenblick das Gefühl, versagt zu haben.«

»Richtig«, bestätigte der alte Mann. »Ist dir klar, dass du dir in diesem Augenblick dein ganz persönliches Tal erschaffen hast? Wie kann jemand eine Silbermedaille für außergewöhnliche Leistungen gewinnen und gleichzeitig unglücklich sein?«

Der junge Mann dachte kurz über diese Frage nach und antwortete: »Indem man sie mit einer Goldmedaille vergleicht! Wenn man also weniger Täler im Leben haben möchte, sollte man Vergleiche vermeiden. Nur wenn man das Gute genießt, hat man das Gefühl, auf dem Gipfel zu sein.«

»Genau«, erwiderte der alte Mann, »sogar in schlechten Zeiten. Wie wäre es, wenn du dir Folgendes bewusst machen würdest:«

Du kannst die äußeren Ereignisse nicht immer kontrollieren. Aber du kannst deine persönlichen Gipfel und Täler kontrollieren, denn sie hängen davon ab, was du glaubst und was du tust.

Der junge Mann runzelte die Stirn. »Ich bin mir nicht sicher, ob ich das verstehe. Wie soll das funktionieren? Du hast gesagt, es würde mir sowohl bei meiner Arbeit als auch im Privatleben weiterhelfen.«

»Richtig. Um aus einem Tal einen Gipfel zu machen, musst du eines von zwei Dingen ändern: entweder die äußeren Ereignisse oder die *Gefühle*, die diese Ereignisse in dir wecken.

Wenn du etwas an der Situation ändern kannst, ist das natürlich wunderbar. Aber wenn nicht, dann kannst du zumindest entscheiden, wie du dich angesichts dieser Situation fühlen willst, um sie zu deinem Vorteil zu wenden.«

»Wie kann ich das beeinflussen?«, fragte der junge Mann erstaunt.

»Nehmen wir an, du bist der einzige Ernährer in deiner Familie und bist überzeugt davon, einen sicheren, gut bezahlten Job zu haben. Doch dann wird dir plötzlich ohne jede Vorwarnung gekündigt – und du siehst keine realistische Chance, gleich wieder eine neue Stelle zu finden. Wie würdest du dich fühlen?«

»Ängstlich. Entsetzt. Wütend.«

»Verständlich. Den meisten Leuten würde es so gehen. Aber könnte der Verlust dieses Arbeitsplatzes nicht vielleicht auch mit das Beste sein, das dir in deinem Leben widerfahren ist – auch wenn es natürlich niemanden freut, gekündigt zu werden?

Was, wenn du später feststellst, dass dein Job gar nicht so gut zu dir gepasst hat? Freiwillig hättest du diese Stelle im Augenblick ganz bestimmt nicht aufgegeben, doch eigentlich ist dir klar, dass du es schon längst hättest tun sollen?

Wie wäre es, wenn du dich dafür entscheiden würdest, zu glauben, dass nach dieser Kündigung etwas Besseres kommt?«

»Es könnte aber auch etwas Schlechteres kommen«, sagte der junge Mann.

»Das stimmt«, lachte der alte Mann. »Niemand weiß, was passieren wird. Doch wenn man sich entscheidet, an das Positive zu glauben, führt das normalerweise zu einem viel besseren Ergebnis.«

Immer noch skeptisch fragte der junge Mann: »Wo ist denn da der praktische Nutzen? Was bringt diese Erkenntnis jemandem, der gerade arbeitslos ist? Vielleicht sieht er die Situation dann tatsächlich positiver – aber er braucht doch trotzdem immer noch einen Job. Mit positiven Gefühlen allein kann man keine Familie ernähren.«

»Na schön«, sagte der alte Mann. »Dann wollen wir die Sache einmal von der praktischen Seite betrachten. Wenn du auf der Suche nach einem neuen Mitarbeiter wärst, wen würdest du dann eher einstellen: jemanden, der niedergeschlagen ist und sich beim Vorstellungsgespräch darüber beklagt, wie schlecht er von seinem früheren Arbeitgeber behandelt worden war? Oder einen zuversichtlichen Bewerber, der froh darüber ist, eine neue Chance ergreifen und einen besseren Job finden zu können?«

»Ich würde mich für den positiv denkenden Bewerber entscheiden, weil er seine Arbeit wahrscheinlich besser machen wird«, sagte der junge Mann.

»Genau. Und deshalb findet jemand, der eine bessere Einstellung hat, normalerweise auch einen besseren Job«, bestätigte der alte Mann. »Und was ist dann aus dem Tal dieses Bewerbers geworden?«

»Es hat sich in einen Gipfel verwandelt!«, rief der junge Mann erstaunt. »Es macht also wirklich einen Sinn, was man glaubt und was man tut. Vielleicht hat die Sache doch einen praktischen Nutzen!«

»Ja«, sagte der alte Mann, »manchmal ist es so einfach:«

Der Weg aus dem Tal tut sich ganz von selbst vor dir auf, wenn du dich entscheidest, die Dinge mit anderen Augen zu betrachten.

Inzwischen war es auf dem Gipfel ziemlich kalt geworden, und die ersten Schneeflocken fielen. »Bist du dafür ausgerüstet, hier oben zu bleiben?«, fragte der alte Mann.

Der junge Mann gab zu, dass er keine warme Kleidung eingepackt hatte. »Wahrscheinlich hatte ich es so eilig, aus dem Tal herauszukommen, dass ich gar nicht darüber nachgedacht habe, was ich hier oben auf dem Gipfel alles benötige.«

»Das ist gar nicht so ungewöhnlich«, sagte der alte Mann. »Viele Leute wissen nicht, dass sie *wahrhaft* vorbereitet sein müssen, wenn sie längere Zeit auf einem Gipfel bleiben möchten.«

Der junge Mann verstand nicht, was der alte Mann damit sagen wollte, nämlich, dass man mit guten Zeiten auch richtig umgehen können muss.

»Ich hoffe, du kommst bald wieder hierher zurück«, fuhr der alte Mann fort. »Ich habe mich sehr über deinen Besuch gefreut.« Mit diesen Worten schüttelte er dem jungen Mann die Hand und verabschiedete sich.

Der junge Mann war enttäuscht, den Gipfel wieder verlassen zu müssen. Doch die Erkenntnisse, die er hier gewonnen hatte, ermutigten ihn.

»Von nun an werde ich meine Arbeit und mein Leben mit ganz anderen Augen betrachten«, sagte er sich. »Ich werde versuchen, in jedem Tal eine Chance zu sehen und das Positive, das sich dahinter verbirgt, zu erkennen, durch das mein Leben wieder besser werden kann.«

Der junge Mann atmete die frische Gebirgsluft tief ein und hoffte, sich diese innere Klarheit auch dann bewahren zu können, wenn er wieder unten im Tal war.

Er nahm sich vor, sich Folgendes zu merken:

Du kannst aus deinem Tal
einen Gipfel machen,
wenn du das Positive erkennst,
das sich in einer schlechten
Situation verbirgt,
und es dir zunutze machst.

3
Rückschläge im Tal

Als der junge Mann wieder in sein Tal zurückgekehrt war, erinnerte er sich daran, wie er früher immer auf der Wiese gestanden, zum fernen Gipfel emporgeschaut und davon geträumt hatte, dort eines Tages ein anderes Leben zu führen.

Plötzlich überkam ihn ein unglaubliches Hochgefühl. Er hatte diesen Gipfel tatsächlich erreicht. Und seine Hoffnung hatte sich erfüllt: Er hatte wirklich einen besseren Überblick über die Dinge bekommen.

Nun konnte er es gar nicht mehr erwarten, mit dieser neuen Einstellung wieder zu seiner Arbeit zurückzukehren. Er fragte sich, was seine Eltern und Freunde wohl sagen würden, wenn er ihnen von seinem Abenteuer erzählte.

»Von hier unten im Tal ist die Aussicht so begrenzt«, dachte er auf dem Heimweg. »Vom Gipfel aus ist es viel einfacher, die großen Zusammenhänge zu erkennen.«

Der junge Mann war sehr zufrieden mit sich selbst.

Er dachte an eine ganz bestimmte junge Frau, die er so gern hatte, und hoffte, dass sie von seiner Reise und seinem neuen Wissen beeindruckt sein würde.

Zu Hause angekommen, erzählte er seinen Eltern von seinem Aufstieg zum Gipfel und berichtete, was er von dem alten Mann, der dort oben lebte, gelernt hatte.

Ganz erfüllt von seiner neuen Philosophie erklärte er ihnen zuversichtlich, dass er es nun in seinem Beruf weit bringen und sicher bald befördert werden würde.

Die Eltern sahen sich ob dieser Prahlerei nur an, sagten aber nichts.

Doch in Wirklichkeit war der junge Mann sich seiner Sache gar nicht so sicher. Er fragte sich, ob sich durch seine neue Einstellung wirklich so vieles ändern würde. Insgeheim hatte er immer noch seine Zweifel daran, doch er war neugierig und wollte es herausfinden.

Bald darauf erzählte er einigen seiner Freunde stolz, was er oben auf dem Gipfel gelernt hatte.

Manche waren fasziniert, andere waren eher skeptisch. Das klang alles so einfach – wie konnte etwas so Einfaches tatsächlich funktionieren? Doch wie die meisten guten Freunde wünschten sie ihm Erfolg.

Er erzählte auch jener jungen Frau von seinem Erlebnis. Sie hörte interessiert zu und freute sich über seine Begeisterung, in der Hoffnung, dass sein neu gewonnener Enthusiasmus von Dauer sein würde.

Als der junge Mann wieder an seinen Arbeitsplatz zurückkehrte, war er überglücklich.

Die Geschäfte liefen wunderbar, denn die Umsätze stiegen, und der Gewinn war so hoch wie noch nie. »Jetzt sind wir wirklich auf Erfolgskurs«, dachte er sich.

Doch dann ging eine wichtige Warensendung, mit der die Firma einen Kunden beliefern sollte, unterwegs verloren und blieb unauffindbar. Der wichtigste Kunde des Unternehmens war deshalb so unzufrieden, dass er drohte, seinen Auftrag zu stornieren.

Alle Mitarbeiter versuchten verzweifelt, das Problem zu lösen. Manche arbeiteten daran, den finanziellen Verlust wiedergutzumachen, während andere sich bemühten, den Weg der verloren gegangenen Sendung nachzuverfolgen und sie wiederzufinden.

Doch die Firma war zu rasch gewachsen und hatte nicht genügend Mitarbeiter. Trotz aller Bemühungen gingen weitere Sendungen verloren, weshalb immer mehr Kunden ihre Aufträge stornierten. Die Stimmung im Unternehmen sank und die Mitarbeiter resignierten.

Der junge Mann rief sich ins Gedächtnis, was der alte Mann ihm erzählt hatte: wie man aus einem Tal herauskommt. *Du kannst aus deinem Tal einen Gipfel machen, wenn du das Positive erkennst, das sich in einer schlechten Situation verbirgt, und es dir zunutze machst.*

In der folgenden Nacht dachte er lange darüber nach.

Am nächsten Tag ging er mit einer Idee zu seinem Vorgesetzten: Warum nutzte das Unternehmen diese Krise nicht als Chance, um die Schwachstellen in seinem Bestellsystem zu finden und für künftige Kundenbestellungen ein besseres, zuverlässigeres System zu entwickeln?

Der Chef des jungen Mannes war von dieser Idee begeistert und beförderte ihn zum Leiter eines Teams, das sich um dieses Projekt kümmern sollte.

Schon nach wenigen Tagen entdeckte das Team gravierende Fehler im System und entwickelte ein zuverlässigeres, weniger kostspieliges Verfahren zur Bearbeitung von Kundenaufträgen.

Das Unternehmen entschuldigte sich bei den Kunden und als diese merkten, dass das Unternehmen jetzt ein besseres System zur Auftragsbearbeitung hatte, das zudem auch noch weniger kostete, begannen sie wieder bei der Firma zu bestellen. Anfangs waren es nur kleine Aufträge, doch es bestand Hoffnung, dass bald größere Bestellungen folgen würden.

In der Firma sprach es sich rasch herum, dass das neue System dem Team dieses intelligenten jungen Mannes zu verdanken war. Er stieg im Ansehen seiner Kollegen, und sein Chef war so zufrieden mit ihm, dass er sein Gehalt erhöhte.

Schon bald kam der junge Mann mit dem nächsten Vorschlag zu seinem Chef: Wie wäre es, wenn das Unternehmen Geld für die Expansion in neue Märkte investierte?

Doch der Chef lehnte ab, denn er war der Ansicht, dass das Unternehmen auch so schon erfolgreich genug war. Er erinnerte den jungen Mann daran, dass er der jüngste Manager in der Firma sei und gerade erst eine Gehaltserhöhung bekommen habe. Das sollte ihm doch eigentlich genügen.

Der junge Mann erkannte, dass sein Chef, wie auch viele andere Mitarbeiter im Unternehmen, zufrieden damit war, wie es gerade lief. Aber immer mehr lief schief – innerhalb der Firma, aber auch im Kontakt mit Kunden –, nur schien es niemand zu bemerken.

Die meisten Mitarbeiter verhielten sich so, als sei das Unternehmen immer noch erfolgreich. Da das Geschäft sich so gut entwickelt hatte, verloren sie die Strategien aus den Augen, die sie einst so erfolgreich gemacht hatten.

Viele Abteilungen gaben zu viel Geld aus, weil sie glaubten, dass die Firma es sich leisten konnte.

Doch bald wurde das Unternehmen mit größeren Problemen konfrontiert. Die Umsätze sanken rapide und Kosten mussten reduziert werden. Mitarbeiter wurden entlassen, darunter auch einige Freunde des jungen Mannes.

Schwere Zeiten drohten.

Aber wenigstens konnte der junge Mann seine Stelle behalten. Nach wie vor war er sehr angesehen, da er mit seinem Team geholfen hatte, ein effizienteres Bestell- und Liefersystem zu entwickeln.

Er hatte seinen Eltern sogar stolz davon erzählt, wie erfolgreich er jetzt in seinem Beruf war.

Doch schon kurz darauf geriet er in die Fallstricke seines eigenen Erfolges. Er wurde so selbstsicher, dass er auf niemand anderen mehr hörte als auf sich selbst.

Nach und nach vergaß er vieles von dem, was er damals auf dem Gipfel gelernt hatte.

Ohne es zu merken, stieß er seine Mitmenschen vor den Kopf. Seine Mitarbeiter gingen ihm aus dem Weg, und sein Chef übte zunehmend Kritik an ihm, sodass sein neu gewonnenes Selbstvertrauen sehr rasch wieder sank.

In seiner Karriere lief es eindeutig in die falsche Richtung, aber er konnte sich nicht erklären, weshalb.

Als seine Eltern versuchten, mit ihm darüber zu sprechen, hörte er ihnen nicht zu. Er verteidigte lediglich sein Verhalten, wodurch alles nur noch schlimmer wurde. Bald war der junge Mann in einem noch tieferen Tal seines Lebens angelangt.

Da erinnerte er sich an den Rat, den der alte Mann ihm vor seiner Rückkehr ins Tal gegeben hatte:

Zwischen zwei Gipfeln liegen
immer Täler.
Wie schnell du den nächsten Gipfel
erreichst, hängt davon ab, wie
du mit deinem Tal umgehst.

»Aber wie geht man mit einem Tal richtig um?«, fragte er sich. Falls der alte Mann überhaupt darüber gesprochen hatte, konnte er sich zumindest nicht mehr daran erinnern.

Der junge Mann machte sich auf die Suche nach seinen Freunden, doch irgendwie schien keiner auffindbar zu sein. Er merkte gar nicht, dass sie ihm aus dem Weg gingen.

Von der jungen Frau hatte er auch schon seit einiger Zeit nichts mehr gehört und fragte sich, woran das wohl liegen mochte. »Wahrscheinlich ist sie einfach zu beschäftigt«, sagte er sich.

Bald fühlte der junge Mann sich noch einsamer als vor seiner Wanderung auf den Gipfel.

Da erinnerte er sich daran, dass Höhen und Tiefen im Leben etwas ganz Natürliches sind.

Der junge Mann versuchte einen Ausweg aus seinem Tal zu finden, indem er das Problem mit anderen Augen betrachtete: Er bemühte sich, das Positive zu erkennen, das sich hinter seiner Situation verbarg, und überlegte sich, wie er es zu seinem Vorteil nutzen konnte.

Aber es nützte alles nichts. Er fühlte sich einfach nicht besser.

Anfangs hatte ihm diese Strategie zu größerem Erfolg verholfen, aber jetzt funktionierte sie nicht mehr, und er konnte sich nicht erklären, wie es dazu gekommen war.

Also kehrte er zur Wiese seiner Kindheit zurück und blickte wieder zum Gipfel empor.

Als der alte Mann ihm von den Gipfeln und Tälern des Lebens erzählt hatte, war ihm das alles sehr plausibel erschienen. Doch hier in der realen Welt schien diese Strategie nichts weiter zu sein als ein Märchen, das zu schön war, um wahr zu sein.

Vielleicht hatten seine Freunde mit ihren Zweifeln doch recht gehabt.

Er wanderte zum Ufer des Flusses und setzte sich nieder, um nachzudenken. Da fiel sein Blick auf sein Spiegelbild und ihm gefiel nicht, was er da sah.

Der junge Mann merkte, dass er immer verbitterter wurde und mit sich selbst nicht im Einklang war. Da fiel ihm eine andere Lektion des alten Mannes ein:

Wenn du in einem Tal aus deiner Situation nichts lernst, wirst du unzufrieden werden. Aber wenn du eine wahrhaft wertvolle Lektion daraus ziehst, wirst du zufriedener sein.

Wenn das wirklich stimmte, was musste er dann lernen? Nach vielen Wochen war der junge Mann das Nachdenken schließlich leid.

Eines Tages wurde er von einigen Freunden eingeladen, sich mit ihnen auf der Hochebene zu treffen, um einfach ein bisschen abzuschalten.

Er war zwar noch nie zuvor auf dieser Hochebene gewesen, aber nach allem, was er darüber gehört hatte, war es nicht schwer, sie zu erreichen. Jedenfalls war es nicht so weit wie bis zu dem Gipfel und auf dieser Hochebene die Seele baumeln zu lassen, war auf jeden Fall besser, als frustriert im Tal zu sitzen.

Also machte er sich auf den Weg.

4
Auszeit oder Flucht?

Der junge Mann staunte, wie karg und öde die Landschaft hier oben war. Es gab keine Bäume, nur kahle Ebene, so weit das Auge reichte. Die Luft war lau – weder so warm wie im Tal noch so kühl wie auf dem Gipfel. Durch den bedeckten Himmel drang kein Sonnenstrahl. Es schien fast, als gäbe es hier überhaupt kein Wetter.

Gelegentlich sah er in der Ferne andere Menschen, aber er ging ihnen aus dem Weg, denn er wollte allein sein.

Anfangs empfand er es als Erleichterung, nur wenig oder gar nichts zu fühlen. Er war froh, sich zu diesem Ausflug entschlossen zu haben.

Nach und nach erholte sich der junge Mann von dem Stress der vielen Höhen und Tiefen in seinem Leben und er genoss es ganz einfach, hier zu sein. Es war so erholsam.

Als er schließlich auf seine Freunde stieß, freute er sich; sie aber schienen nicht so begeistert zu sein, ihn wiederzusehen.

Ihre Blicke waren genauso leer und leblos wie die Landschaft, die sie umgab. Sie schienen sich gar nicht dafür zu interessieren, was um sie herum vorging, und sie wirkten weder gesund noch lebendig, obwohl sie sich in der freien Natur aufhielten.

Der junge Mann betrachtete seine Freunde und fragte sich besorgt, ob er wohl allmählich auch anfing, so zu werden wie sie.

Mit der Zeit langweilte sich der junge Mann und eine innere Unruhe überkam ihn. Bei seiner Ankunft auf der

Hochebene hatte er es als wohltuend empfunden, einfach einmal abschalten und all seine Probleme vergessen zu können.

Doch jetzt hatte er das Gefühl, dass die Umgebung ihn auslaugte. Er empfand nichts von der Begeisterung, die ihn damals auf dem Gipfel beflügelt hatte.

Im Tal war es ihm als eine gute Idee erschienen, auf die Hochebene zu gehen, aber mittlerweile fragte er sich, warum er immer noch hier war. »Eine Ebene scheint neutral zu sein – weder ein Gipfel noch ein Tal«, dachte er bei sich. Was bedeutete die Hochebene also für ihn?

Gönnte er sich hier einfach nur eine wohlverdiente Pause, eine Auszeit? Oder war es eher eine Flucht? Und wenn ja: Wovor flüchtete er?

Und was wollten seine Freunde hier? Versuchten sie einfach nur, der Realität zu entfliehen?

Schließlich verabschiedete er sich von den anderen und ging seiner Wege.

Von hier aus war der Gipfel kaum zu erkennen. Der junge Mann schaute nach oben und fragte sich, was der alte Mann wohl gerade tat.

Er erinnerte sich an die klaren und leuchtenden Augen des alten Mannes. Irgendwie sehnte er sich nach diesem Gipfel zurück.

Die innere Klarheit, zu der er dort gefunden hatte, war etwas ganz anderes als das dumpfe Gefühl, das ihn hier auf der Hochebene bedrückte.

Wieder schaute er auf den Gipfel, und ihn überkam wieder die Sehnsucht, die er schon so oft empfunden hatte.

Er sehnte sich nach einem besseren Leben.

Aber er war sich nicht sicher, ob er wirklich noch einmal

auf den Gipfel steigen wollte. Vielleicht wäre er dann nur wieder enttäuscht, wenn er ins Tal zurückkehrte.

In jener Nacht schlief der junge Mann schlecht und fragte sich immer wieder, ob es sich überhaupt lohnte, den Aufstieg zum Gipfel noch einmal zu versuchen.

Doch als er am nächsten Morgen erwachte, ging ihm der Gipfel immer noch nicht aus dem Kopf.

Je mehr er darüber nachdachte, desto intensiver wurde sein Verlangen, den alten Mann noch einmal aufzusuchen und ihn zu fragen, warum diese Idee von den Gipfeln und Tälern bei ihm nur für kurze Zeit funktioniert hatte.

Schließlich verließ er die Hochebene und kehrte in das Tal zurück. In den nächsten Tagen schmiedete er Pläne für seine Rückkehr auf den Gipfel.

Dieses Mal, so hoffte er, würde er besser auf die Umstände vorbereitet sein, die ihn dort erwarteten.

5
Ein Lernprozess

Der Aufstieg war anstrengend und als der junge Mann den Gipfel erreichte, war er sehr erschöpft. Aber er kam gerade noch rechtzeitig, um den herrlichen Sonnenuntergang zu bewundern.

Diesmal lud ihn der alte Mann in sein Haus ein. Er staunte darüber, wie groß und schön es war, denn damit hatte er hier oben nicht gerechnet.

Die beiden Männer setzten sich auf die riesige Sonnenterrasse, von der aus man einen herrlichen Ausblick auf einen Gebirgssee hatte.

»Ich kann dir gar nicht sagen, wie glücklich es mich macht, wieder hier auf dem Gipfel zu sein«, sagte der junge Mann.

Auch der alte Mann freute sich über das Wiedersehen. Aber er sah dem jungen Mann an, dass ihn etwas bedrückte, und fragte ihn nach dem Grund.

»Als ich damals in mein Tal zurückkehrte«, sagte der junge Mann, »versuchte ich deine Ideen in die Praxis umzusetzen – zum Beispiel, dass man die positiven Seiten in einer schlechten Situation erkennen soll. Am Anfang hat das auch funktioniert, doch irgendwann lief es nicht mehr so gut.

Da habe ich den Mut verloren und einige Zeit auf einer Hochebene verbracht – aber das hat mir auch nicht viel weitergeholfen.«

»War das eine gesunde oder eine ungesunde Erfahrung für dich?«, fragte der alte Mann.

»Ich verstehe nicht ganz, was du meinst«, sagte der junge Mann.

»Hast du schon einmal so etwas gesehen?«, fragte der alte Mann weiter und begann eine Linie zu zeichnen.

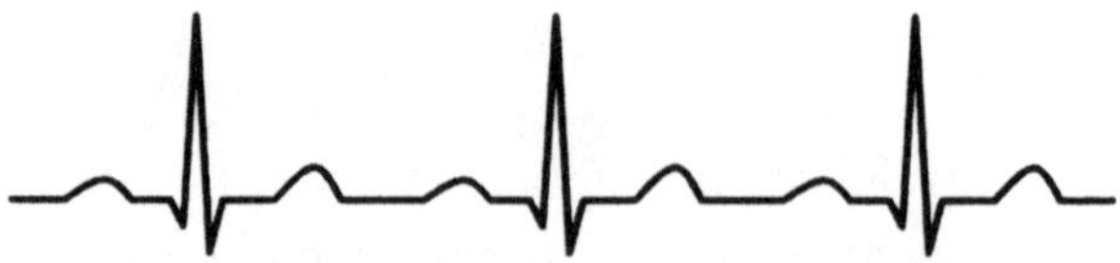

»Das sieht wie die Aufzeichnung eines Herzschlags aus«, sagte der junge Mann.

»Richtig. Woran erinnern dich diese Aufs und Abs?«

»Sie sehen aus wie Gipfel und Täler!«

»Genau. Und was würde das bedeuten?«

Diesmal zog der alte Mann eine gerade Linie.

»Das würde wohl bedeuten, dass das Herz nicht mehr schlägt«, sagte der junge Mann.

»Genau – dann hättest du ein Problem! Ebenso wie ein gesundes Herz sind auch deine Höhen und Tiefen ein wichtiger Bestandteil eines normalen, gesunden Lebens. Das gilt übrigens auch für die Hochebenen, wenn es gesunde Ruhe- und Erholungszeiten sind, in denen du deine Situation betrachtest und innehältst, um zu überlegen, was als Nächstes zu tun ist.

Es ist zwar ungesund, einfach nur die Realität zu verdrängen, aber es kann manchmal durchaus auch gesund sein, sich zu entspannen und darauf zu vertrauen, dass das Leben irgendwann wieder besser wird. Denn das wird es tatsächlich meistens, wenn man einmal eine Nacht über seine Probleme geschlafen oder sich ein paar Tage Pause gegönnt hat.«

Dieses Mal hatte der junge Mann ein kleines Notizbuch mitgebracht, um seine Erkenntnisse auf dem Gipfel festhalten zu können. Er schrieb:

Eine Hochebene kann eine gesunde Auszeit sein, in der man nachdenkt, sich ausruht und regeneriert.

»Am Anfang war der Aufenthalt auf der Hochebene vielleicht eine ungesunde Erfahrung«, sagte der junge Mann. »Aber letzten Endes war er doch gut für mich.

Als ich ankam, hatte ich das Gefühl, alle Hoffnung verloren zu haben. Doch als ich dann wieder in mein Tal zurückkehrte, fühlte ich mich ausgeruhter und meine Sehnsucht, wieder zu diesem Gipfel zurückzukehren, erwachte wieder und wurde größer.

Aber wie kann es gesund sein, immer wieder Höhen *und* Tiefen zu haben?«, fragte er. »Was hat das mit Ausgeglichenheit, mit innerem Frieden zu tun? Macht dieses ständige Auf und Ab denn nicht nervös? Ist man davon nicht irgendwann total gestresst?«

»Nur wenn du innerlich mit deinen Höhen und Tiefen mitgehst«, erwiderte der alte Mann.

»Sobald du *wahrhaft* lernst, mit den guten und schlechten Zeiten in deinem Leben richtig umzugehen, wirst du zu einer gesunden Balance finden.«

»Und wie soll das gehen?«, fragte der junge Mann.

»Zunächst einmal wirst du mehr inneren Frieden gewinnen, sobald dir klar wird, dass dich weder die Gipfel, also die ›guten‹ Zeiten, noch die Täler deines Leben allein ausmachen. Du wirst dich dann nicht mehr fühlen wie auf einer emotionalen Achterbahn.«

Der junge Mann dachte über diese Worte nach, während sie beide stumm den Sonnenuntergang betrachteten.

»Was passierte, nachdem du zum ersten Mal in dein Tal zurückgekehrt bist?«, fragte der alte Mann.

»Anfangs schien die Idee der Gipfel und Täler gut zu funktionieren«, erzählte der junge Mann. »Ich war beruflich sehr erfolgreich, doch dann ging alles schief, und ich weiß nicht einmal, warum.«

»Das war auch einer der Gründe, warum ich dir diese Herzlinie gezeigt habe«, erklärte der alte Mann. »Ich wollte dich dazu ermuntern, die Strategie der Gipfel und Täler, der Höhen und Tiefen, mit dem *Herzen* anzuwenden.«

»Wie meinst du das?«

»Es kommt nicht nur auf die wertvollen Erkenntnisse an, die du hier auf dem Gipfel gewinnst. Es ist auch wichtig, wie du dich mit diesen Erkenntnissen *fühlst* und was du daraus machst. Wie verhältst du dich zum Beispiel, wenn du dich in einem Tal befindest?«

»Wie ich mich verhalte?«, fragte der junge Mann.

»Ja. Und wie hast du dich gefühlt, nachdem du ins Tal zurückgekehrt warst?«

»Ich habe mich gut gefühlt. Damals lief alles fantastisch!«

Der alte Mann schwieg.

»Was meinst du?«, fragte der junge Mann, doch der alte Mann wartete einfach nur. Da wurde dem jungen Mann bewusst, was er gerade gesagt hatte, und er verstand plötzlich:

»Aaah ... Jetzt verstehe ich! Dass die gute Zeit nicht von Dauer war, lag an meinen Gefühlen und meinem Verhalten.«

»Sehr gut!«, lobte der alte Mann. »Natürlich lag es nicht an der guten Zeit an sich, sondern daran, dass du nicht richtig damit umgegangen bist. Vielleicht hilft es dir weiter, wenn du dir die Sache einmal folgendermaßen vorstellst:

Du wirst weniger schlechte Zeiten erleben, wenn du deine guten Zeiten zu schätzen weißt und klug damit umgehst.

Der junge Mann dachte kurz darüber nach und sagte schließlich: »Aber ich verstehe immer noch nicht, was ich falsch gemacht habe. Inwiefern bin ich mit meiner guten Zeit falsch umgegangen?«

»Als es dir so richtig gut ging – hast du da nicht vielleicht ein bisschen mit den Erkenntnissen geprahlt, die du hier oben auf dem Gipfel gewonnen hast?«

Der junge Mann antwortete nicht.

»Meinst du, es könnte so gewesen sein?«

»Ich glaube nicht. Na ja, vielleicht.«

Der alte Mann wartete.

Da seufzte der junge Mann. »Vielleicht sind meine Freunde mir deshalb in letzter Zeit aus dem Weg gegangen.« Dabei dachte er vor allem an die junge Frau.

»Als ich das erste Mal hierher auf den Gipfel kam, hast du zu mir gesagt, die meisten Leute wüssten nicht, dass sie *wahrhaft* vorbereitet sein müssen, wenn sie längere Zeit auf einem Gipfel bleiben möchten«, sagte er dann.

Der alte Mann lächelte. »Schön, dass du das noch weißt. Die Menschen, die nicht auf den Gipfel vorbereitet sind, fallen schnell wieder herunter, und das tut weh.«

»Und wie bereitet man sich richtig darauf vor, auf einem Gipfel zu bleiben?«, fragte der junge Mann.

»Statt dir *meine* Antworten zu geben, kann ich dir vielleicht helfen, *deine eigenen* Antworten zu finden«, sagte der alte Mann.

»Wie hast du dich gefühlt, als erstmals alles schiefging?«

»Schrecklich«, antwortete der junge Mann.

»Und warum hast du dein Verhalten daraufhin nicht geändert?«

»Ich weiß es nicht«, gab der junge Mann zu. »Vielleicht, weil ich nicht wusste, wie ich mit dieser Situation umgehen sollte. Oder weil ich dachte, es würde schon irgendwie alles wieder besser werden, wenn ich das Problem einfach ignoriere. Vielleicht hatte ich auch Angst, zuzugeben, dass ich etwas falsch gemacht hatte oder Hilfe brauchte.«

»Und was haben all diese Ursachen miteinander gemeinsam?«, fragte der alte Mann.

Der junge Mann dachte kurz nach. »Ich bin mir nicht sicher«, und vermutete schließlich: »Vielleicht Angst?«

Der alte Mann nickte. »Ja. Und woher kommt diese Angst?«

Der junge Mann wusste es nicht.

»Bei den meisten Menschen ist es das Ego«, sagte der alte Mann. »Dein Ego kann dich überheblich werden lassen, wenn du oben auf dem Gipfel bist, und dir Angst machen, wenn du dich in einem Tal befindest. Es hält dich davon ab, die Realität zu sehen. Dein Ego verzerrt die Wahrheit.

Wenn du auf dem Gipfel bist, lässt dein Ego dir die Situation besser erscheinen, als sie in Wirklichkeit ist. Im Tal dagegen verleitet es dich dazu, die Dinge negativer zu sehen, als sie eigentlich sind. Du denkst, dass die Höhen ewig anhalten und die Tiefen niemals enden.«

Der junge Mann hielt die Worte des alten Mannes in seinem Notizbuch fest:

*Der häufigste Grund,
warum man zu schnell wieder
von einem Gipfel abstürzt, ist
Arroganz, die sich hinter der
Maske der Zuversicht verbirgt.
Der häufigste Grund, warum man
zu lange in einem Tal bleibt, ist
Angst, die sich hinter einer Maske
der Bequemlichkeit verbirgt.*

»Und weshalb stürzt man aus Arroganz von einem Gipfel?«, fragte der junge Mann.

»Ich will dir ein Beispiel dafür geben«, erklärte der alte Mann. »Als ich noch jünger war, arbeitete ich bei einer sehr großen, bekannten Firma. Wir boten unseren Kunden hervorragenden Service zu einem guten Preis – wir waren die Besten in unserer Branche.

Doch mit der Zeit stiegen unsere Kosten, und die Wirtschaftslage verschlechterte sich. Unsere Serviceleistungen kosteten uns immer mehr Geld, und immer weniger Leute konnten sie sich noch leisten.

Die Umsätze gingen in den Keller, doch die Geschäftsleitung glaubte, diese Flaute aufgrund unseres guten Rufs einfach aussitzen zu können.

In Wirklichkeit jedoch musste unser Unternehmen seine Strategie dringend ändern. Doch das sahen die Manager nicht ein, denn ihre Überheblichkeit hatte sie selbstgefällig werden lassen. Schließlich verloren wir die meisten unserer Kunden, und das Unternehmen musste verkauft werden.«

»Und was hast *du* gemacht?«, fragte der junge Mann.

»Ich fragte mich: *Wo liegt die Wahrheit in dieser Situation?* Und die Wahrheit lautete, dass unsere Kunden nicht zufrieden mit uns waren.

Als Nächstes begann ich mich zu fragen: *Wie kann ich meinen Kunden wertvollere Dienste, einen besseren Service bieten?*

Bald darauf verließ ich die Firma und gründete ein eigenes Unternehmen. Und ich machte diese Frage zum Fundament meines neuen Geschäfts.

Wir fingen zwar klein an, aber unsere Kunden waren sehr zufrieden mit uns und empfahlen uns weiter. So wurden wir im Laufe der Jahre selbst zu einem großen Unternehmen.«

Der junge Mann fragte nach dem Namen des Unternehmens und als der alte Mann ihn nannte, erkannte er, dass sein neuer Freund ein sehr reicher Mann war.

Offensichtlich funktionierte diese Idee von den Gipfeln und Tälern im Beruf tatsächlich. Er fragte sich aber, ob sie wohl auch im Privatleben so erfolgreich war?

»Kannst du mir mehr darüber erzählen, wie sich diese Strategie in deinem Privatleben bewährt hat?«, fragte er.

Der alte Mann dachte eine Weile nach. »Ich will dir ein sehr persönliches Beispiel dafür geben«, sagte er dann.

»Irgendwann wurde meine Frau krank, und es ging ihr immer schlechter. Wir gerieten in ein tiefes Tal. Über so viele Jahre hatte sie scheinbar mühelos die Kinder großgezogen, den Haushalt und uns alle versorgt.

Es war schwer für uns, sehen zu müssen, welch schlimme Schmerzen sie hatte und dass sie nichts mehr von dem tun konnte, was ihr früher Freude gemacht hatte. Ich hatte das Gefühl, jetzt für einen Großteil ihrer Aufgaben verantwortlich zu sein. Also bemühte ich mich, unsere Kinder zu versorgen und im Haushalt mitzuhelfen, und ging gleichzeitig auch noch weiter meinem Beruf nach. Bald war ich total überfordert.

Aber am meisten Sorgen machte mir natürlich ihre Gesundheit. Ich war vollkommen ratlos.«

Die Stimme des alten Mannes versagte für einen Moment, als er sich an diese traurige Zeit zurückerinnerte.

»Das muss sehr schwer für dich gewesen sein«, sagte der junge Mann leise.

»Ja, das war es«, gab der alte Mann zu. »Ich bekam Angst, Angst vor dem, was da noch kommen mochte. Aber ich wusste auch, dass Angst den Blick auf die Wahrheit verstellen kann. Also fragte ich mich: *Wo liegt die Wahrheit in dieser Situation?* Und diese Wahrheit war ganz einfach: *Ich liebte sie.*

Als Nächstes fragte ich mich: *Was wäre das Liebevollste, was ich jetzt im Augenblick für sie tun kann?*

Zuerst wusste ich es nicht. Doch dann begann ich alles für meine Frau zu tun, was ich konnte. Bald schon schien diese Situation gar nicht mehr so ein tiefes Tal in meinem Leben zu sein.«

»Wie das?«, fragte der junge Mann.

»Weil ich erkannte, dass meine Frau jetzt verstand, wie sehr ich sie liebte. Dadurch ging es ihr wieder besser. Ich wusste, dass ich ihr gegenüber früher nicht immer so aufmerksam gewesen war, wie ich es hätte sein können. Bald genoss ich das Gefühl, das man hat, wenn man ein besserer Mensch wird.

Und zu meinem Erstaunen wurde ich mit der Zeit gelassener und gleichzeitig erfolgreicher – trotz der schrecklichen Situation, in der wir uns beide befanden. Unsere Lage änderte sich, obwohl meine Frau noch krank war.

Mir wurde klar, dass viele meiner Ängste in Wirklichkeit gar nicht meiner Frau, sondern mir selbst gegolten hatten. Indem ich nach Wegen suchte, mich liebevoller zu verhalten, lenkte ich meine Aufmerksamkeit von meinem eigenen Ich auf sie. So gelang es mir, über mich selbst hinauszuwachsen.«

»Aha«, sagte der junge Mann. »Man kommt also schneller aus einem Tal heraus, wenn man sein eigenes Ego beiseiteschiebt.«

»Genau«, sagte der alte Mann. »Und letztendlich bleibt man auch länger auf einem Gipfel.«

Der junge Mann erkannte, wie wichtig diese Lektion war, und hoffte, dass sie ihm im Bewusstsein bleiben würde.

Plötzlich hob der junge Mann die Hand und deutete in die Ferne. »Sieh mal!«, rief er aufgeregt.

Der alte Mann lächelte. Er hatte geahnt, dass es dem jungen Mann früher oder später auffallen würde.

»Sieh dir diesen großen Gipfel dort an! Der ist ja noch höher als dieser hier«, sagte der junge Mann, als sei dieser Gipfel gerade zum ersten Mal entdeckt worden.

»Ich wette, die Aussicht von dort ist noch besser als von hier!«

»Das ist sie sicherlich«, stimmte der alte Mann zu.

»Das muss ich unbedingt sehen!«, rief der junge Mann.

Doch dann warf er einen Blick nach unten und sah das lange, tiefe Tal, das zwischen diesem Berg und dem noch höheren Gipfel lag. Er stöhnte bei dem Gedanken daran, wie schwer dieses Tal zu durchqueren sein würde.

»Was siehst du, wenn du in dieses Tal schaust?«, fragte der alte Mann.

Der junge Mann dachte kurz nach, dann lachte er. »Strapazen?«, fragte er.

Der alte Mann lachte ebenfalls. »So denken viele Menschen von einem tiefen Tal. Für sie sind Täler Zeiten der Frustration und des Schmerzes, des Zorns, der Enttäuschung und des Scheiterns. Aber vergiss nicht, was geschieht, wenn du das Positive in dieser Situation entdeckst und dich nur darauf konzentrierst.«

Der junge Mann nickte. »Man kann ein Tal in einen Gipfel verwandeln.«

»Ja«, bestätigte der alte Mann. »Aber man muss schon ein ganz besonderer Mensch sein, um das Positive, das in einem Tal versteckt liegt, *wahrhaft* schätzen und sinnvoll nutzen zu können. Glaubst du, dass *du* das kannst?«

Der junge Mann atmete einmal tief durch. »Danke, dass du mich daran erinnert hast. Meine Herausforderung besteht also darin, Täler auf andere Weise zu durchqueren als bisher, nicht wahr? Aber wie soll ich das machen?«, fragte er.

»Ich denke, dass man am besten durch ein Tal kommt, indem man einer *sinnvollen Vision* folgt«, sagte der alte Mann.

»Was bedeutet das – *sinnvoll*?«

»Mit *sinnvoll* meine ich die Vision eines zukünftigen Gipfels, auf dem du gern sein möchtest, weil es für dich einen Sinn ergibt. Etwas, das so groß ist, wie du es dir nur vorstellen kannst, aber das trotzdem realistisch und erreichbar ist, wenn du es nur stark genug willst. Gleichzeitig meine ich mit *sinnvoll*, dass deine Vision dann Wirklichkeit wird, wenn du alle deine fünf Sinne nutzt, um diese Vorstellung so realistisch und genau zu gestalten, dass dir schließlich bewusst wird: Du kannst es erreichen! Male dir aus, wie dein künftiger Gipfel aussehen, klingen, schmecken, riechen und sich anfühlen wird – bis er dir so real vorkommt, dass dich diese Vision scheinbar wie von selbst durch das Tal hindurchbringt.«

Dem jungen Mann schien diese Lektion sehr bedeutsam, und so notierte er:

Folge auf dem Weg zu deinem nächsten Gipfel einer sinnvollen Vision. Stelle dir deine bessere Zukunft so genau und glaubhaft vor, dass du gerne alles dafür tust, um dort hinzugelangen!

Die beiden Männer unterhielten sich noch bis spät in die Nacht hinein.

Schließlich zog sich der junge Mann in sein Zelt zurück und träumte davon, an einen besseren Ort zu gelangen.

Am nächsten Morgen stand er früh auf und schaute auf den höheren Gipfel. Dann suchte er den alten Mann auf und erzählte ihm, dass er hoffentlich nicht allzu lange brauchen werde, um dorthin zu gelangen. Er freute sich schon darauf, von jenem Gipfel einen noch besseren Ausblick zu haben.

Als die beiden sich voneinander verabschiedeten, machte der alte Mann ihm einen Vorschlag.

»Wenn du auf dem höheren Gipfel angelangt bist, könntest du versuchen, tiefere Einsichten in deine innersten Wahrheiten zu gewinnen.

Vielleicht möchtest du mit dem Herzen deinen Gedanken lauschen und dich an Augenblicke in deinem Berufs- und Privatleben erinnern, die dich zu deinen persönlichen Wahrheiten führen. Was du dabei entdeckst, wird deine *eigene* Weisheit werden – nicht meine oder die eines anderen Menschen.«

Der junge Mann versprach, daran zu denken, und dankte dem alten Mann für die vielen Erkenntnisse, die er mit ihm geteilt hatte. Dann schüttelten sie sich die Hand, und der junge Mann machte sich auf den Weg durch das tiefe Tal, um den noch höheren Gipfel zu erreichen.

6
Die Entdeckung

Einsam wanderte der junge Mann durch das ihm fremde Tal. Regen peitschte ihm ins Gesicht und er suchte vergeblich nach einem Unterschlupf.

Diese Wanderung war noch anstrengender, als er erwartet hatte. Bei seinem Aufbruch hatte das Tal nicht so tief gewirkt.

»Warum muss das sein?«, murmelte der junge Mann vor sich hin. »Sollen wir Menschen denn nicht glücklich sein? Wozu braucht man überhaupt Täler?«

Seine Füße waren durchnässt, und er war bis auf die Knochen durchgefroren. Er fühlte sich hundeelend.

»Eines Tages werde ich an dieses Abenteuer zurückdenken und darüber lachen«, murmelte er durch seine zusammengebissenen Zähne.

Er dachte über seine Worte nach. »Warum sollte ich damit warten?«, setzte er dann hinzu. »Warum kann ich nicht jetzt gleich darüber lachen?«

Er brach in lautes Lachen aus und fühlte sich gleich ein bisschen besser. Wie als Antwort auf sein Gelächter ertönte ein lauter Donnerschlag. Besorgt schaute der junge Mann zum Himmel hinauf und hoffte, sicher durch das Gewitter zu kommen.

Seine Beine schmerzten, und vom vielen Klettern über spitze Felsen taten ihm die Füße weh. Er dachte an den Ratschlag des alten Mannes: *Wie schnell du den nächsten Gipfel erreichst, hängt davon ab, wie du mit deinem Tal umgehst.*

Der junge Mann hatte nicht das Gefühl, gerade sehr gut mit seinem Tal umzugehen. Als er endlich am tiefsten Punkt des Tals angelangt war, blieb er stehen.

Der Regen hatte den Weg komplett überspült. Vor ihm lag ein zwar schmaler, aber tosender Fluss, der unmöglich zu überqueren zu sein schien.

»Das schaffe ich nicht«, sagte er laut zu sich. »Die Strömung ist zu stark. Dagegen komme ich nicht an.«

Der junge Mann hatte das Gefühl, gescheitert zu sein.

Er würde umkehren und denselben Weg wieder zurückgehen müssen. Aber wie sollte er dem alten Mann dann jemals wieder in die Augen blicken können? Und wie sich selbst?

Er setzte sich in den Schlamm und starrte auf den Fluss. Ihn überkam die Angst, dass die mächtige Strömung ihn wegreißen würde, wenn er sich in den Fluss hineinwagte. Lebhaft stellte er sich vor, wie viel Wasser er schlucken würde, während er unterging und ertrank.

Ihn schauderte, und er fragte sich: »Warum ist es nur so mühsam, in einem Tal zu sein?«

Und dann beantwortete er sich diese Frage selbst, indem er sich an etwas erinnerte, das ihm der alte Mann mit auf den Weg gegeben hatte:

Der Schmerz, den du in einem Tal empfindest, kann dir eine Wahrheit bewusst machen, die du bisher ignoriert hast.

Was war es wohl für eine Wahrheit, die er gerade ignorierte?

Der junge Mann blickte zu jenem höheren Gipfel in der Ferne hinüber.

»Ich weiß nur«, dachte er, »dass ich diesen Gipfel wirklich gerne erreicht hätte.«

Er fragte sich, ob es da oben vielleicht einen Bergsee gab, der genauso schön war wie der See vor dem Haus des alten Mannes – oder noch schöner.

Und er versuchte sich vorzustellen, wie sich die frische Luft auf seinem Gesicht anfühlen würde.

Dann dachte er darüber nach, was der alte Mann gesagt hatte: dass man zu seinem nächsten Gipfel gelangen kann, indem man einer *sinnvollen Vision* folgt – einem Bild von einer besseren Zukunft, die einen *Sinn* ergibt und die man sich mit allen fünf *Sinnen* vorstellen soll.

Da wurde ihm klar, dass er noch vor ein paar Sekunden eine *beängstigende* Vision vor Augen gesehen hatte – er hatte sich vorgestellt, wie er von der Strömung mitgerissen wurde und im Fluss ertrank.

Der alte Mann hatte zwar nie etwas von einer »beängstigenden Vision« gesagt, aber genau so etwas hatte er sich ausgemalt.

»Vielleicht hat man immer eine bestimmte Vorstellung von seiner Zukunft vor Augen«, dachte er, »ob es einem bewusst ist oder nicht – entweder eine beängstigende oder eine sinnvolle. Die Frage ist nur, welcher dieser Visionen man folgt.«

»Genau – *das ist es!«,* sagte er bekräftigend.

Und dann rief er laut in den Regen und Donner hinein:

Die
Angst
IST
mein
Tal!

Ihm wurde klar, dass es verschiedene Arten von Tälern gibt: Krankheiten, der Verlust eines geliebten Menschen, finanzielle Rückschläge und andere Unglücke, die nicht in seiner Macht liegen und auch nicht allein durch Furcht ausgelöst werden. Wichtiger war jedoch für ihn, dass er nun verstanden hatte, dass er sich viele Täler durch seine eigene Angst – bewusst oder unbewusst – geschaffen hatte.

Wenn man in einem Tal ist, sehnt man sich danach, was einem fehlt, dachte er. Hat man dann Angst, dass man dies niemals bekommen oder wiederbekommen wird?

Wenn du deine Angst überwindest, geht es dir gleich viel besser – auch wenn die schweren Zeiten vielleicht immer noch andauern.

Natürlich saß er immer noch durchnässt an der tiefsten Stelle dieses Tals im Schlamm. Er musste aber zugeben, dass er sich besser fühlte, nachdem er seine Angst überwunden hatte.

Für manche Täler in seinem Leben trug er selbst die Verantwortung und er wusste, dass er diese Wahrheit schon oft verleugnet hatte.

Und natürlich hatte er sich immer gewünscht, dass seine persönlichen Gipfel länger anhalten mögen. Nun, da er auf seine Arbeit und sein Leben zurückblickte, schienen sie nie lange genug gedauert zu haben. Er wünschte, die Durststrecken in seinem Leben würden sich dagegen nicht so lange hinziehen.

Plötzlich lachte er. »Ich wünschte … Ich wünschte, ich hätte einen Wunschbrunnen! Da könnte ich dann ein paar Münzen hineinwerfen und mein Wunsch, am anderen Ufer zu sein, würde sich wie von selbst erfüllen!«

Wieder lachte er und fühlte sich gleich viel besser. Es tat ihm gut, über sich selbst lachen zu können.

Dann erinnerte er sich daran, was der alte Mann ihm zu erklären versucht hatte. Er zog sein Büchlein heraus und notierte:

*Hüte dich davor, die Situation
für besser zu halten, als sie ist,
wenn du einen Gipfel erreicht hast.
Oder für schlimmer, als sie ist,
wenn du dich in einem
Tal befindest.
Freunde dich mit der Realität an.*

Wieder blickte er zu jenem Gipfel hinüber und malte sich aus, was für ein Gefühl es sein mochte, triumphierend dort oben zu stehen.

Die erfolgreichste Strategie, um durch ein Tal zu kommen und zum nächsten Gipfel zu gelangen, besteht darin, *einer sinnvollen Vision zu folgen,* hatte der alte Mann gesagt.

Also begann er sich seine eigene *sinnvolle* Vision auszumalen. Er schloss die Augen und stellte sich realistisch und glaubhaft vor, bereits auf dem Gipfel zu sein.

In seiner Vision bestaunte er den herrlichen Ausblick und spürte die warmen Sonnenstrahlen auf seinem Körper, als er auf dem Gipfel stand und die dunklen Regenwolken weit unter ihm lagen. Er kostete das Wasser des kristallklaren Bergsees. Er roch den Duft der hohen Kiefern und hörte den Schrei eines Adlers.

Plötzlich empfand er gar keine Angst mehr. Ein großer innerer Friede erfüllte ihn.

Dann schlug er die Augen auf und schaute wieder zum Gipfel hinüber, immer die Vision vor Augen, welch wunderbares Gefühl es sein mochte, dort oben zu sein. Als er an dieser sinnvollen Vision festhielt, schien sie ihn wie ein Magnet auf die Beine zu ziehen.

Nachdenklich betrachtete der junge Mann den Fluss, und sein Blick fiel auf einen Baumstumpf am anderen Ufer. Da reifte ein Plan in ihm.

Er holte ein Seil aus seinem Rucksack und verknotete es zu einem Lasso. Dann stand er auf und warf das Lasso über den Fluss. Aber leider verfehlte es sein Ziel.

Er schleuderte das Lasso noch mehrere Male, doch mit der Zeit war das Seil völlig durchnässt und wurde immer schwerer, sodass es sich kaum noch werfen ließ.

Da sank der junge Mann wieder auf die Knie, schloss die Augen und spürte den pochenden Schmerz in seinen Armen und seinem Rücken.

Er überlegte ernsthaft, ob er nicht doch aufgeben sollte.

Aber dann schaute er wieder zum Gipfel hinüber, rief sich seine sinnvolle Vision ins Bewusstsein und lächelte.

Wieder schaute er über den Fluss und konzentrierte sich so intensiv auf den Baumstumpf, als existiere nichts anderes. Er warf das Seil noch einmal und dieses Mal glitt es wie von selbst über den Baumstumpf. Der junge Mann zog mehrmals daran, um sicherzugehen, dass es auch hielt.

Dann stieg er in den reißenden Fluss und begann sich langsam, Hand für Hand, zum anderen Ufer hinüberzuziehen.

Zweimal wäre er beinahe in die tosenden Fluten hinabgerissen worden, doch er hielt sich an dem Seil fest. Das rettete ihm das Leben.

Schließlich erreichte er das andere Ufer und kletterte langsam die Böschung hinauf.

Erleichtert stand er nun da, riss beide Arme in die Höhe und rief: »Geschafft!«

Er lachte. Obwohl er immer noch unten im Tal stand, *fühlte* er sich, als sei er bereits auf dem Gipfel.

Und da wurde ihm plötzlich klar, was ein persönlicher Gipfel sein kann:

Ein persönlicher Gipfel
ist ein Triumph über die Angst.

Der junge Mann setzte sich und grinste. Es war ein wunderbares Gefühl, die eigene Angst überwunden zu haben! Er beschloss, erst einmal eine Rast einzulegen, ehe er sich auf den Weg zum nächsten Gipfel machte.

Nachdenklich fragte er sich, worin wohl der Unterschied zwischen einem Wunsch und einer sinnvollen Vision bestand. Und plötzlich wurde ihm klar: Der Unterschied liegt im *Handeln.*

»Das reine Wünschen führt zu keiner Handlung«, dachte er. »Aber wenn man wirklich einer sinnvollen Vision folgt, *möchte man alles tun,* um sie in die Realität umzusetzen.

Man zwingt sich nicht dazu, sondern *will* es einfach so sehr, dass man Dinge schafft, die man sich nie zugetraut hätte.«

Er begann zu verstehen, was der alte Mann gemeint hatte, als er sagte, man müsse seine Vision *wahrhaft* verfolgen. Das bedeutete, dass man seinen Zielen treu blieb und alles tat, um sie zu erreichen – dass man die *Wahrheit* erkannte!

Ihm wurde immer klarer, dass die Angst uns gefangen hält, während uns die Wahrheit zum Erfolg verhilft.

Der junge Mann lächelte und schaute wieder zu jenem höheren Gipfel hinüber. Bald erhob er sich mit neuem Enthusiasmus und wanderte weiter. Kaum hatte er begonnen, einer sinnvollen Vision zu folgen, verspürte er auch schon mehr Energie und Zuversicht.

Beim Aufstieg trat er auf lose Felsbrocken und rutschte wieder ein Stück hinunter. Aber er kletterte trotzdem immer weiter.

Er lächelte, als er sah, welche Fortschritte er machte. Nun war er tatsächlich auf dem Weg zu einem höheren Gipfel!

Nach einer Zeit, die ihm sehr lang vorkam, trat der junge Mann auf dem Gipfel des Berges ins Sonnenlicht. Vor ihm lag ein herrlicher Bergsee, gesäumt von hohen Bäumen. Eine frische Brise wehte ihm ins Gesicht.

Er drehte sich um und blickte in das Tal hinunter, das er durchquert hatte. Er wusste, wie schwierig diese Wanderung gewesen war. Aber das versüßte den Erfolg, den Gipfel erreicht zu haben, noch mehr.

Der junge Mann stellte sich vor, wie es zu Hause in seinem Tal war, und erinnerte sich an sein früheres Leben und an seine Arbeit.

Er dachte an seine Eltern, seine Freunde und an die junge Frau, die er so gern hatte. Und er erinnerte sich daran, wie viel Angst er immer gehabt hatte, oft auch völlig unbewusst.

Er hatte Angst davor gehabt, dass seine Freunde ihn nicht mögen würden. Angst, dass sein Vater keinen Respekt vor ihm haben würde. Angst davor, dass jene junge Frau das Interesse an ihm verlieren könnte. Angst vor dem Verlust seines Arbeitsplatzes. Angst, für einen Versager gehalten zu werden. Wahrscheinlich hatte er sich auch noch vor vielen anderen Dingen gefürchtet.

Es war dumm von ihm gewesen, sein Leben so sehr von Ängsten beherrschen zu lassen, die ihm den Blick auf die Wahrheit verstellt hatten.

Jetzt hatte er das Gefühl, die Philosophie der Gipfel und Täler, der Höhen und Tiefen, wirklich zu leben. Für ihn war es eine Philosophie, gepaart mit praktischen Fähigkeiten.

»Es ist eine ganz und gar neue Sichtweise«, dachte er, »und was noch viel wichtiger ist: Es ist auch eine neue *Verhaltensweise*.«

Freunde dich mit der Realität an, hatte der alte Mann gesagt. Allmählich begann er zu begreifen, was das für ihn bedeuten könnte.

Durch die Mühsal, mit der er das Tal durchquert hatte, waren ihm tatsächlich ein paar Wahrheiten bewusst geworden, die er vorher ignoriert hatte.

Jetzt begriff er: Wenn er der Wahrheit nicht nur ins Gesicht sah, sondern sie auch zuversichtlich *annahm,* würde ihm das weiterhelfen.

»Das hat der alte Mann also mit ›wahrhaft‹ gemeint – auf dem Fundament *der Wahrheit*!«, rief er aus.

Er hoffte, dass er von nun an öfter nach der Wahrheit suchen würde, statt in einer Welt der Illusion zu leben. Ihm wurde bewusst, dass er ein sichereres Fundament für seine Zukunft schaffen konnte, wenn er sich dabei auf die Dinge stützte, die wirklich wahr waren.

Doch am meisten staunte er darüber, wie bestärkend es war, einer sinnvollen Vision zu folgen. Es war tatsächlich so, wie der alte Mann gesagt hatte: Wenn man eine sinnvolle Vision vor Augen hat, findet man auch überraschende Wege, sie in die Realität umzusetzen. Einer sinnvollen Vision zu folgen war wie ein Blick auf die Landkarte: Es war eine praktische Hilfe auf dem Weg zum Ziel.

Seine Vision von dem Gipfel hatte nicht nur die Ängste schwinden lassen, die sein Selbstvertrauen untergruben, sondern ihm auch die Kraft gegeben, weiterzugehen.

»Es lohnt sich *wahrhaftig*, weiter mit diesen Visionen zu arbeiten!«, lächelte er. Und wieder hielt er einen wichtigen Gedanken in seinem Notizbuch fest:

Du erschaffst dir deine Gipfel selbst, wenn du einer wahrhaft sinnvollen Vision folgst. Dann verblassen deine Ängste, du empfindest inneren Frieden und hast mehr Erfolg.

Der junge Mann saß ganz still da und lauschte dem Wispern des Windes in den Baumwipfeln und den leisen Wellen am Ufer des Sees. Hier oben war es tatsächlich so schön, wie er es sich vorgestellt hatte – oder sogar noch schöner.

Da überkam ihn ein Gefühl der Freiheit, wie er es noch nie empfunden hatte. Er hoffte, dieses Gefühl eines Tages mit den Menschen teilen zu können, die ihm wichtig waren.

Als er ins Tal zurückschaute, überkam ihn der Gedanke, wie schön es wäre, wieder nach Hause zurückzukehren.

Aber vorher wollte er noch einmal zu dem alten Mann gehen. Er stellte sich genau vor, wie es sein würde, wieder bei seinem alten Freund auf dem Gipfel zu sein. Was für ein Glück es doch war, dass er diese Veränderungen in seinem Leben erreichen konnte, während er noch jung war. Um weise zu werden, muss man nicht alt sein.

Als er daraufhin seinen Blick erneut über das Tal schweifen ließ, fiel ihm eine Abkürzung auf, die ihm zuvor entgangen war.

»Erstaunlich, wie viel mehr man von einem höheren Standpunkt aus erkennen kann«, dachte der junge Mann. »Ich glaube, wenn man im Tal ist, muss man sich genau vorstellen, was man vom Gipfel aus vielleicht alles sehen wird. Wahrscheinlich ist das der Schlüssel zum Erfolg.«

Ihm gefiel der Gedanke, im Tal neue Erkenntnisse zu gewinnen, die ihm den Weg durch sein nächstes Tal erleichtern würden.

Auf seiner Wanderung zum Gipfel des alten Mannes wollte er die Abkürzung benutzen. »Nun, da ich einen besseren Weg kenne«, dachte er, »wird die Wanderung durch das Tal nicht mehr so mühsam sein.«

Er konnte es gar nicht mehr erwarten, seinen alten Freund wiederzusehen.

7
Gedankenaustausch

Am frühen Nachmittag erreichte der junge Mann den Gipfel. Als er den alten Mann sah, lief er sogleich zu ihm und umarmte ihn.

Der alte Mann lachte. »Was für eine Begrüßung«, sagte er. »Ich habe dich gar nicht gleich erkannt! Du siehst ganz anders aus als der junge Mann von damals. Es ist ein langer Weg, nicht wahr?«

»Ja«, bestätigte der junge Mann. »Ich habe viel länger gebraucht, als ich dachte, um auf den höheren Gipfel zu kommen.«

»Ich meine, das *Leben* ist ein langer Weg.«

»Ja«, stimmte der junge Mann zu, »das kann man wohl sagen.«

Dann erzählte er ihm, was er seit seinem letzten Abschied erlebt hatte.

»Und was waren deiner Meinung nach deine wichtigsten Erkenntnisse auf dieser Wanderung?«, fragte der alte Mann.

»Na ja ...«, sagte der junge Mann, »ich habe zum Beispiel gelernt, dass es nicht ausreicht, die Höhen und Tiefen des Lebens einfach nur mit dem Verstand zu begreifen und darüber zu sprechen – so wie ich es getan habe, als ich zum ersten Mal in mein Tal zurückkehrte.

Man muss diese Höhen und Tiefen als Lebenseinstellung empfinden und leben. Je mehr man danach lebt, umso mehr lernt man und entwickelt sich weiter, und umso erfolgreicher und gelassener wird man.

Ich habe auch gelernt, dass die guten ebenso wie die schlechten Zeiten in meinem Leben echte Geschenke sind. Beide können wertvoll sein, wenn ich richtig damit umgehe. Als ich alleine auf dem Gipfel war, habe ich viel Zeit damit verbracht, die Wahrheiten zu erkennen – so gut ich konnte. Und jetzt freue ich mich wirklich darauf, meine Freunde und meine Familie wiederzusehen. Mir ist klar geworden, dass ich auch von ihnen noch viel lernen kann.«

»Wie ich sehe, hast du auch noch etwas anderes gelernt«, lächelte der alte Mann.

»Was meinst du?«

»*Bescheidenheit*«, sagte der alte Mann. »Ich freue mich für dich, denn von jetzt an wirst du wahrscheinlich länger auf deinen Gipfeln bleiben.«

Der junge Mann grinste nur und schwieg.

»Weißt du noch, was du mir bei unserer ersten Begegnung erzählt hast – wie unglücklich du in deinem Tal warst und dass dein Leben dort überhaupt nicht gut lief?«

»Ja«, gab der junge Mann etwas verlegen zu. »Ich glaube, ich wusste einfach nicht zu schätzen, dass das Tal eine Chance für mich war, mich weiterzuentwickeln – etwas Besseres aus meinem Leben zu machen. Ich wollte meinem Tal einfach nur entfliehen, aber nichts daraus lernen.

Doch wenn ich die Sache unvoreingenommen betrachte und nach dem Geschenk suche, das in dem Tal versteckt liegt, kann ich an einen neuen, besseren Ort gelangen. Das habe ich inzwischen begriffen«, sagte er.

Nach kurzem Nachdenken fuhr er fort: »Ich weiß nicht, ob es stimmt, aber ich glaube, der Sinn der Gipfel besteht darin, das Leben zu feiern, und der Sinn der Täler ist es, etwas über das Leben zu lernen.«

»Gut«, sagte der alte Mann. »An der Klarheit in deinen Augen erkenne ich, dass du einige Wahrheiten über die Höhen und Tiefen des Lebens gelernt hast.«

»Und das kannst du wirklich alles sehen?«, fragte der junge Mann.

»Das ist nicht so schwer zu erkennen!«, lachte der alte Mann. »Wie war es unten im Tal? Es ist wirklich sehr tief.«

Der junge Mann senkte den Blick und erzählte von seinen Erlebnissen im Tal.

»Ich kam an diesen tosenden Fluss da unten und es schien mir zu gefährlich, ihn zu durchqueren. Beinahe wäre ich wieder umgekehrt«, erzählte er.

»Ich hatte Angst, es nicht zu schaffen. Doch dann fiel mir ein, dass es unsere Angst ist, die uns gefangen hält.

Und was noch wichtiger ist: Mir wurde klar, dass ich ein Tal tatsächlich in einen Gipfel verwandeln kann, indem ich mich von meinen Ängsten löse und über mich selbst hinauswachse.«

»Und wie hast du das geschafft?«, fragte der alte Mann neugierig.

»Ich habe einfach an deine Worte gedacht: Man kommt am besten durch ein Tal, indem man einer *sinnvollen Vision* folgt– einer Vision, die für einen selbst einen *Sinn* ergibt und realistisch erreichbar ist, wenn man es nur intensiv genug will. Also stellte ich mir mit allen fünf Sinnen vor, schon auf dem Gipfel zu sein und dieses Erlebnis zu genießen. Ich malte mir aus, was ich dort alles sehen, berühren, schmecken, riechen und hören würde. Und da verflog meine Angst, und ich spürte die Energie und Begeisterung, die nötig war, um die Sache anzugehen.

Von da an hielt ich einfach an meiner sinnvollen Vision fest, bis mir eine Idee kam, wie ich an mein Ziel gelangen könnte. Ich warf mein Seil wie ein Lasso um einen Baumstumpf, der am anderen Ufer stand, und zog mich daran hinüber.« Der junge Mann spielte die Schwierigkeiten, mit denen er bei der Durchquerung des Flusses tatsächlich zu kämpfen gehabt hatte, bewusst herunter.

»Ich kam ans andere Ufer und machte mich auf den Weg zum Gipfel.«

»Und wie war es da oben?«, fragte der alte Mann.

»Es war … einfach fantastisch!«, rief der junge Mann mit glänzenden Augen.

Der alte Mann lachte. »Fantastisch? Inwiefern?«

Der junge Mann schaute auf den Gipfel, der in der Ferne lag. »Es war atemberaubend! Von dort oben konnte ich das Tal, durch das ich gekommen war, und auch diesen Gipfel hier sehen, auf dem du lebst.

Aber das Großartigste war: Ich habe begriffen, warum du so oft das Wort *wahrhaft* gebrauchst. Zum Beispiel, dass man etwas wahrhaft zu schätzen wissen muss oder wahrhaft lernen soll, besser mit einer negativen Situation umzugehen.

Jetzt weiß ich, was du damit gemeint hast: Man muss *die Wahrheit* erkennen! Nicht das, was man sich wünscht oder wovor man Angst hat, sondern das, was in einer guten oder schlechten Situation wirklich wahr ist.

Ich hoffe, dass ich in den künftigen Höhen und Tiefen meines Lebens neugieriger auf die Wahrheit sein werde. Ich werde mich stets fragen: *Wo liegt die Wahrheit in meiner jetzigen Situation?«*

»Ich merke es instinktiv, wenn ich etwas Wahres höre«, sagte der alte Mann.

Der junge Mann bedankte sich bei seinem Freund. Sie unterhielten sich noch lange miteinander, bis es für den jungen Mann Zeit wurde, wieder in sein Tal zurückzukehren.

Als sie sich voneinander verabschiedeten, wussten sie nicht, dass es kein Wiedersehen geben würde.

8
Von Gipfeln und Tälern

Als der junge Mann in sein Tal zurückkehrte, fiel seiner Familie und seinen Freunden sogleich auf, wie sehr er sich verändert hatte. Sie freuten sich wieder viel mehr, ihn um sich zu haben, wussten aber nicht, warum.

Aber das Unternehmen, für das er arbeitete, steckte in großen Schwierigkeiten und musste noch größere finanzielle Verluste hinnehmen.

Der junge Mann dachte an die Zeit zurück, als er angefangen hatte, in der Firma zu arbeiten. Damals waren die Geschäfte sehr gut gegangen. Er fragte sich, warum die Situation sich so verändert hatte.

Er erinnerte sich, mit welcher Begeisterung seine Chefs und Kollegen früher nach immer neuen Wegen gesucht hatten, um das Unternehmen in jeder Hinsicht zu verbessern. Damals hatten sie sich oft Fragen gestellt und waren nicht stillschweigend davon ausgegangen, die Antworten bereits zu kennen. Sie hatten nichts als selbstverständlich hingenommen.

Doch irgendwann war ihnen der Erfolg zu Kopf gestiegen und sie hatten aufgehört, jene Strategien zu verfolgen, die sie einst erfolgreich gemacht hatten. Sie hatten ihren Tatendrang und ihre Neugier verloren.

Als die geschäftliche Situation sich dann verschlechterte, bekamen sie Angst oder wurden sogar wütend. Und so verschwendeten sie ihre Energie, indem sie sich gegenseitig die Schuld an den Problemen zuschoben oder sich verteidigten, statt etwas an der Situation zu ändern.

Kein Wunder, dass das Unternehmen nicht aus diesem Tal herauskam. Mit ihrer Denkweise und ihrem Verhalten erschufen die Mitarbeiter sich ihr Tal selbst und weiteten es sogar noch aus!

Eines Tages erhielten sie eine Nachricht, die sie zunächst alle für sehr schlecht hielten.

Bisher war das Unternehmen exklusiver Hersteller eines einzigartigen, sehr rentablen Produkts gewesen. Doch jetzt machte ihnen ein viel größeres Unternehmen Konkurrenz und brachte ein vergleichbares Produkt zu einem niedrigeren Preis auf den Markt.

Mit ihrem enormen Werbebudget konnte der Konkurrent sie leicht aus dem Markt verdrängen.

Die Firma stellte einen neuen Marketing-Plan auf, doch die Mitarbeiter glaubten nicht so recht an den Erfolg des Konzepts.

Da versammelte der junge Mann die Mitarbeiter seiner Abteilung zu einer Besprechung und bat alle, über folgende zwei Fragen nachzudenken:

Wo liegt die Wahrheit in dieser Situation? Wie können wir das Positive an dieser schlechten Lage zu unserem Vorteil nutzen?

Am nächsten Morgen sollte eine Notfallbesprechung stattfinden, in der alle Mitarbeiter ihre besten Antworten vortragen sollten.

»Niemand weiß mehr über diese Produkte als wir«, sagte eine Frau zu Beginn der Besprechung. »Wir haben mehr Kunden, die dieses Produkt schon länger als alle anderen nutzen.«

»Die Konkurrenz hat ein großes Marketing-Budget«, setzte ein anderer Mitarbeiter hinzu. »Wir müssen etwas machen, was wir besser können als die anderen.«

Das Team war sich darüber einig, dass beide Aussagen stimmten.

»Also, wo liegt das Positive, das sich in dieser schlechten Situation verbirgt und das wir uns zunutze machen können?«, fragte der junge Mann.

»Vielleicht sollten wir uns darauf konzentrieren, unserer Konkurrenz einen Schritt voraus zu bleiben, indem wir ein viel besseres Produkt auf den Markt bringen als sie?«, schlug ein älterer Mitarbeiter vor.

Da begriff das Team des jungen Mannes plötzlich, welcher Vorteil in ihrer Situation versteckt lag: Die große Marketing-Kampagne des Konkurrenzunternehmens würde die Menschen mehr auf das Produkt aufmerksam machen – aber *sie* würden eindeutig das bessere Produkt haben.

Das Konkurrenzunternehmen warb also mit seiner Marketing-Kampagne für *ihr* Produkt!

Als Nächstes bat der junge Mann seine Mitarbeiter, einer *sinnvollen Vision* zu folgen – einem Bild von einer besseren Zukunft, die für sie alle einen Sinn ergab.

Die Mitarbeiter waren mit dem Vorschlag einverstanden und begannen sich detailliert und glaubhaft vorzustellen, wie es sein würde, ein viel besseres Produkt zu haben – eines, das die Kunden so sehr begeisterte, dass sie es kaufen, benutzen *und* anderen Leuten davon erzählen würden.

Sie stellten sich vor, wie sie ihren Kunden zuhörten, um zu erfahren, was diese sich *wahrhaft* wünschten, und wie sie ihre Erkenntnisse dann mit den anderen Mitarbeitern der Firma teilten.

Und das *taten* sie dann auch! Sie hörten auf die Vorschläge ihrer Kunden und erweiterten ihr Produkt um viele Extras, die den Kunden wichtig waren.

Als die Marketing-Kampagne des großen Konkurrenzunternehmens anlief, hatten sie ihr eigenes Produkt bereits deutlich verbessert, und es wurde von viel mehr Kunden gekauft.

Sie erwarben sich den Ruf, einen sehr guten Service zu bieten, und als sich das herumsprach, ging es mit dem Unternehmen stetig bergauf.

Bald brauchten die Mitarbeiter nicht mehr zu fürchten, ihre Arbeit zu verlieren.

Der junge Mann erzählte immer mehr Leuten in der Firma, was er über die Höhen und Tiefen des Lebens gelernt hatte.

Die Kollegen diskutierten intensiv und lange darüber. Ihnen war gar nicht klar gewesen, dass sie zu überheblich geworden und deshalb von ihrem Gipfel abgestürzt waren. Sie schworen sich, in Zukunft nie wieder so selbstgefällig zu sein.

Der junge Mann und seine Mitarbeiter erhielten eine Gehaltserhöhung und sie suchten weiter nach neuen Wegen, um das Unternehmen voranzubringen. Sie stellten jetzt alle mehr Fragen und gingen nicht mehr davon aus, alle Antworten bereits zu kennen.

Der junge Mann freute sich darüber, dass seine Firma einen neuen Gipfel erreicht hatte. Aber er wusste auch, wie leicht man wieder abstürzen kann, wenn man mit diesen guten Zeiten nicht klug umgeht.

Er erinnerte sich daran, was er gelernt hatte:

Um länger auf einem Gipfel zu bleiben, musst du dankbar und bescheiden sein und mehr von dem tun, was dich auf den Gipfel gebracht hat. Verbessere die Situation immer weiter. Tue mehr für andere. Spare Geld für die nächsten Täler.

Der junge Mann lächelte, wissend, dass er nun tatsächlich lernte, besser mit den guten Situationen seines Lebens umzugehen.

Er hatte bereits beschlossen, dass er in Zukunft vieles anders machen würde. Zum Beispiel wollte er einen Teil von dem Geld, das er fortan mehr verdiente, sparen, um die Täler zu überbrücken, in die er in Zukunft sicherlich irgendwann wieder geraten würde.

Eines Tages erfuhr der junge Mann zu seiner Überraschung, dass er befördert worden war!

Er konnte es gar nicht erwarten, seiner Familie und der jungen Frau, die er so gern hatte, diese frohe Botschaft mitzuteilen.

Doch dann wurde ihm das Herz schwer.

Als er zuletzt gute Nachrichten aus seiner Firma zu berichten hatte, war das nicht besonders gut angekommen.

Der junge Mann erinnerte sich, wie überheblich ihn sein damaliger Erfolg gemacht hatte und dass er sich dieser Arroganz gar nicht bewusst gewesen war.

Seine Freunde und auch die junge Frau waren ihm aus dem Weg gegangen.

Nun fürchtete er, durch seine Prahlerei von damals vielleicht seine Beziehung zu dieser Frau zerstört zu haben.

Doch statt sich von diesem Gedanken entmutigen zu lassen, beschloss er, all das anzuwenden, was er über die Gipfel und Täler des Lebens gelernt hatte. Er würde weniger reden und mehr handeln.

»Wenn aus dieser Beziehung tatsächlich nichts werden sollte«, sagte er sich, »will ich darauf vertrauen, dass auch in diesem Tiefpunkt meines Lebens etwas Positives versteckt liegt. Und dass ich eine neue Partnerin finden werde, sobald ich gelernt habe, etwas bescheidener und sehr viel liebevoller zu sein.«

Dann lachte er über sich selbst. »*Etwas* bescheidener?«, fragte er sich selbst.

Der junge Mann beschloss, ein liebevollerer, offenerer Mensch zu werden.

Inzwischen glaubte er fest daran, dass er mehr Chancen hatte, geliebt zu werden und eine wahrhaft befriedigende Beziehung zu finden, wenn er zunächst einmal selbst liebevoller wurde – indem er Angst durch Liebe ersetzte.

Also fasste er in den nächsten Tagen noch eine weitere *sinnvolle Vision* ins Auge. Dieses Mal stellte er sich vor, genau der Mann zu werden, mit dem eine Frau wie sie gern zusammen sein würde und der er selbst auch gerne sein würde.

Er malte sich sein besseres Ich in allen Details aus. Er würde ein Mensch werden, der sich selbst nicht zu ernst nahm, mit dem man Spaß haben konnte, dem es aber auch wichtig war, in seinem Leben und seinem Beruf wirklich etwas Besonderes auf die Beine zu stellen.

Er wollte jemand werden, der etwas auf der Welt bewirkte – vielleicht nur etwas Kleines, aber doch Bedeutsames. Und er würde die Menschen, die ihm nahestanden, nie wieder als selbstverständlich hinnehmen.

Dieses Mal erzählte der junge Mann zur Abwechslung niemandem etwas von seinem Plan. Er konzentrierte sich einfach nur auf dieses innere Bild und trug es klar in seinen Gedanken und seinem Herzen.

Und dann *tat* er, was notwendig war, um seine Vision zu verwirklichen. Er begann mit ganz kleinen Dingen. Mit der Zeit wurde er mehr und mehr der Mann, den er sich vorgestellt hatte.

Er erinnerte sich noch an die Frage, die er vor langer Zeit einmal gestellt hatte: *Wie geht man mit einem Tal um?*

Nun schrieb er die Antwort darauf in sein Notizbuch:

Du kommst schneller aus einem Tal heraus, wenn es dir gelingt, über dein eigenes Ich hinauszuwachsen, indem du bei der Arbeit wertvollere Dienste leistest und dich in deinem Privatleben liebevoller verhältst.

Ehe er seinen neuen Posten in der Firma antrat, gab seine Familie eines Abends ein kleines Fest für ihn. Die meisten seiner Freunde kamen und auch die junge Frau, die ihn inzwischen lieb gewonnen hatte, war zu seiner Freude da.

Zu fortgeschrittener Stunde fragte er seinen Vater, was für ein Leben *er* als junger Mann geführt habe. Als er den Erzählungen seines Vaters über dessen Höhen und Tiefen lauschte, wurde ihm klar, dass sein Vater eine ganz eigene Lebensweisheit besaß.

Mit der Zeit kamen sich die beiden Männer näher.

Der junge Mann war beruflich weiterhin sehr erfolgreich, und seine Eltern freuten sich für ihn.

Hin und wieder kam es noch zu kleinen Auseinandersetzungen, aber er verteidigte sich nicht mehr so aggressiv, sodass sich die Streitigkeiten in Grenzen hielten. Oft endeten sie in nachdenklichen Diskussionen.

Auch jetzt noch gewann der junge Mann viele Erkenntnisse. Eine der lehrreichsten Lektionen war überraschend einfach: Wann immer er nicht wusste, wie er aus einem Tal kommen sollte, machte er sich bewusst, dass Gipfel und Täler Gegensätze waren. Dann überlegte er einfach, was ihn in das Tal gebracht hatte, und machte schließlich genau das Gegenteil – und erreichte so das Gegenteil!

Als der junge Mann älter wurde, durchschritt er die Täler seines Lebens immer würdevoller und gelassener.

Obwohl er sehr beschäftigt war, nahm er sich immer noch Zeit, durch die Wiesen seines Tals zu wandern – häufig in Begleitung der jungen Frau.

Eines Tages erhielt er eine traurige Nachricht, von der er schon geahnt hatte, dass sie früher oder später kommen würde. Der alte Mann, den er auf dem Gipfel kennengelernt hatte, war gestorben.

Alle, die ihn gekannt hatten, sagten, dass sie seine Gegenwart immer noch spürten, vor allem in der Nähe des Gipfels.

Der junge Mann schaute aus dem Fenster auf sein Tal. Er fürchtete, dass ein wichtiger Teil seines Lebens für immer verloren gegangen war. Er hatte den alten Mann sehr lieb gewonnen und fühlte sich nun einsam und war sehr unglücklich.

Er spürte den Schmerz in seinem Herzen und fragte sich, wo wohl die *Wahrheit* in dieser Situation lag.

Da hörte er in Gedanken die Stimme des alten Mannes:

Täler sind Augenblicke, in denen du dich danach sehnst, was dir fehlt.

Er lachte. Flüsternd beendete er den Ausspruch des alten Mannes:

Gipfel sind Augenblicke, in denen du zu schätzen weißt, was du hast.

In Gedanken fragte er sich, was an seinem Leben schätzenswert war – jetzt in diesem Augenblick.

Die Wahrheit lautete, dass er nun zu einer Arbeits- und Lebensweise gefunden hatte, die ihn gelassener und erfolgreicher werden ließ – in guten wie in schlechten Zeiten.

Und das alles hatte er von seinem alten Freund gelernt.

Er war sich bewusst, dass er sich ein paar Momente zuvor noch in einem Tal befunden, ein persönliches Tief erlebt hatte, denn er hatte sich gewünscht, dass der alte Mann eigentlich noch bei ihm sein sollte, um ihm weiterhin seine Weisheiten und seine Lebensfreude zu vermitteln.

Doch jetzt atmete er tief ein und betrachtete das, was *wirklich* war – nicht das, was er sich wünschte oder wovor er sich fürchtete.

Die Wahrheit lautete: Der alte Mann hatte ihm Einsichten geschenkt, die für ihn und seine Mitmenschen sehr hilfreich sein würden, sofern sie sie richtig anwendeten.

In gewisser Weise lebte ein Teil des alten Mannes jetzt *in ihm* weiter und würde auf diese Weise stets lebendig sein.

Seine Augen füllten sich mit Tränen. Er empfand Trauer und zugleich Freude darüber, einen so guten Freund gehabt zu haben.

Ihm wurde klar, dass sein Leben stets eine Reihe von Gipfeln und Tälern sein würde.

Er würde finanzielle, emotionale und seelische Höhen und Tiefen durchleben, Gesundheit und Krankheit, Freud und Leid.

Der junge Mann akzeptierte, dass dieses sich ständig wiederholende Muster zum komplexen Reichtum des Lebens gehörte.

Doch inzwischen wusste er, dass er mit dem Wissen um die Gipfel und Täler des Lebens besser durch die guten und schlechten Zeiten kommen würde.

Er dachte darüber nach, wie sehr sein Berufs- und Privatleben sich verändert hatte und wie dankbar er seinem alten Freund dafür war. Dann erinnerte er sich an das Versprechen, das er ihm am Tag ihrer ersten Begegnung gegeben hatte.

»Ich werde dir alles über Gipfel und Täler verraten«, hatte der alte Mann gesagt, »aber nur unter der gleichen Bedingung, die auch mein Freund mir damals gestellt hat: Wenn du die Lektionen hilfreich findest, sollst du sie anderen Menschen weitererzählen.«

Der junge Mann glaubte, dies bereits nach Kräften versucht zu haben. Aber jetzt wollte er noch mehr tun. Er wollte einen besseren Weg finden, das Geschenk des alten Mannes an seine Mitmenschen weiterzugeben.

Also wanderte er am Fluss entlang zur Hütte eines Freundes, um allein sein und nachdenken zu können.

Er fragte sich, was er an den Lektionen über die Höhen und Tiefen am nützlichsten fand, dachte über seine Erfahrungen nach und blätterte die Notizen durch, die er sich gemacht hatte. Es gab so vieles, was er daran hilfreich fand.

Schließlich fasste der junge Mann die wertvollsten Erkenntnisse auf einer kleinen Karte zusammen. Seine Idee war, diese Wahrheit allen mitzuteilen, die sie wirklich wissen wollten.

Dann lächelte er bei dem Gedanken, dass diese Karte auch für ihn selbst eine hilfreiche Gedächtnisstütze war. Sie würde ihm helfen, öfter von den Prinzipien der Gipfel und Täler Gebrauch zu machen.

In den darauffolgenden Tagen und Monaten fand der junge Mann immer wieder Gelegenheit, anderen Menschen zu helfen, indem er das Kärtchen mit seiner Zusammenfassung an sie weitergab.

VON GIPFELN UND TÄLERN: FÜR DAS BERUFS- UND PRIVATLEBEN

VOM RICHTIGEN UMGANG MIT GUTEN UND SCHLECHTEN ZEITEN:
Freunde dich mit der Realität an.
Egal, ob du gerade auf einem Gipfel oder in einem Tal stehst – frage dich stets: *Wo liegt die Wahrheit in dieser Situation?*

UM SCHNELLER AUS EINEM TAL HERAUSZUKOMMEN:
Entdecke das Positive, das sich in einer negativen Situation versteckt, und mache es dir zunutze.
Entspanne dich und mache dir klar, dass jedes Tal irgendwann ein Ende hat. Mache das Gegenteil von dem, was dich in das Tal gebracht hat. Wachse über dein eigenes Ego hinaus: Leiste bei der Arbeit wertvollere Dienste und sei liebevoller und aufmerksamer in deinem Privatleben. Vermeide Vergleiche mit anderen.

UM LÄNGER AUF EINEM GIPFEL ZU BLEIBEN:
Lerne die Höhen deines Lebens zu schätzen und gehe klug damit um.
Sei dankbar und bescheiden. Tue mehr von dem, was dich auf den Gipfel gebracht hat. Verbessere die Situation immer weiter. Setze dich mehr für andere ein. Spare Geld für die nächsten Täler.

UM ZUM NÄCHSTEN GIPFEL ZU KOMMEN:
Folge einer sinnvollen Vision.
Stelle dir deine bessere Zukunft in allen Details so genau und glaubhaft vor, dass du gerne alles tust, um dein Ziel zu erreichen.

UM DEINEN MITMENSCHEN ZU HELFEN:
Teile dein Wissen von den Gipfeln und Tälern mit anderen Menschen.
Hilf anderen Menschen, die Höhen und Tiefen ihres eigenen Lebens besser zu meistern.

9
Das Leben auf dem Gipfel

Viele Jahrzehnte später war der junge Mann von einst selbst ein alter Mann geworden.

Er war schon vor langer Zeit auf den Gipfel gezogen und verbrachte den größten Teil seiner Zeit dort, kehrte aber ab und zu immer noch ins Tal zurück.

Eines Tages saß er nach dem Mittagessen unter einem Baum und genoss die herrliche Aussicht.

Er dachte an sein Leben zurück und erinnerte sich daran, wie er früher viele Höhen und Tiefen seines Lebens selbst herbeigeführt hatte, ohne es zu merken.

Liebevoll dachte er an den alten Mann zurück, der ihm so viele wertvolle Tipps gegeben hatte, um mit diesen Gipfeln und Tälern richtig umzugehen.

Wie sehr sich sein Berufs- und Privatleben dadurch verändert hatte! Er war erstaunlich gelassen und erfolgreich geworden – in guten wie in schlechten Zeiten.

Gerührt erinnerte er sich daran, wie viel er dem alten Mann zu verdanken hatte.

Er lächelte, als er sich die Stimme des alten Mannes ins Gedächtnis zurückrief und ihn sagen hörte: Die eigentliche Anerkennung gebührt demjenigen, der diese Prinzipien erlernt und *anwendet.*

Da hörte er plötzlich ein Geräusch und wandte sich um.

Als er nichts sah, hing er weiter seinen Gedanken nach.

Die Zeiten, in denen er in das Tal zurückgekehrt war, hatte er stets genossen. Doch zumeist hielt er sich auf seinem Gipfel auf, wo er sich ein großes Haus gebaut hatte.

Er lud gerne seine Familie und Freunde ein und galt als großzügiger Gastgeber und aufmerksamer Freund.

Inzwischen war er schon seit vielen Jahren glücklich verheiratet mit der Frau, die er schon lange so gern hatte und die ihn mittlerweile ebenfalls von ganzem Herzen liebte.

Ihm war klar geworden, dass es nicht darauf ankommt, wo man lebt, sondern *wie* man lebt.

Es spielte keine Rolle, ob er in einem blühenden Tal wohnte wie seine Eltern oder auf einem herrlichen Gipfel wie der alte Mann.

Inzwischen lebte er nach seiner wichtigsten Erkenntnis: dass ein intensives, freudvolles Leben eine Landschaft mit Höhen und Tiefen ist – in ständigem Wandel begriffen. Endlich hatte er das Gefühl, sich auf einer friedlichen Wanderung zu befinden. Und nicht nur das: Ihm kam es stets so vor, als sei er bereits angekommen, auch wenn er sein Ziel noch gar nicht erreicht hatte.

Er lächelte.

Da hörte er das Geräusch von eben erneut – und dieses Mal war es viel lauter. Jetzt klang es so, als sei es ganz in der Nähe.

Er blickte auf und sah eine erschrockene junge Frau vor sich stehen. »Tut mir leid«, sagte sie. »Ich wollte nicht stören.«

Die Frau erzählte ihm, dass sie nach einer langen Wanderung aus dem Tal, in dem sie wohnte, gerade erst auf dem Gipfel angekommen sei. Sie sah völlig erschöpft aus.

Die beiden unterhielten sich sehr intensiv, und sie staunte selbst darüber, dass sie einem völlig fremden Menschen von den Schwierigkeiten erzählte, die sie zu Hause in ihrem Tal hatte.

Aus Gründen, die sie selbst nicht verstand, kam es der jungen Frau so vor, als sei an diesem alten Mann irgendetwas Besonderes.

Zu diesem Zeitpunkt konnte die junge Frau noch nicht wissen, dass sie gerade einen der gelassensten und erfolgreichsten Menschen der Welt kennengelernt hatte. Ihr Gegenüber schien einfach nur ein netter alter Mann zu sein.

Im Laufe des Tages unterhielten sich die beiden über die Gipfel und Täler des Lebens, wie der alte Mann es nannte. Er sagte, es sei eine Philosophie in Kombination mit praktischen Fähigkeiten – eine Denk- und Verhaltensweise, durch die man gelassener und erfolgreicher wird, in guten wie in schlechten Zeiten.

Als er bemerkte, dass sie aufmerksam zuhörte, hoffte er, dass sie das, was sie hier lernte, richtig anwenden würde, obwohl sie noch jünger war, als er es damals gewesen war. »Es ist niemals zu früh, guten und schweren Zeiten richtig zu begegnen und sie erfolgreich durchzustehen!«, dachte er bei sich.

Nachdem sie ihm eine Weile zugehört hatte, fragte sie: »Wäre es für dich in Ordnung, wenn ich meinen Freunden und einigen Kollegen von all dem erzähle, was ich heute gelernt habe?«

Der alte Mann lachte und antwortete: »Du bist mir einen Schritt voraus – das ist sehr aufmerksam von dir! Es wäre ganz wunderbar, wenn es dir möglich wäre …«

Teile dein Wissen
mit anderen Menschen!

NACH DER GESCHICHTE

Als Ann ihre Geschichte beendet hatte, bemerkte sie, dass es nicht mehr regnete. Michael schien ganz in Gedanken versunken zu sein.

»Das Essen war vorzüglich. Aber, viel wichtiger: Du hast mir einiges zum Nachdenken mit auf den Weg gegeben«, sagte er schließlich. »Ich schätze, ich muss erst einmal herausfinden, wie ich diese Geschichte auf mein tägliches Leben anwenden kann. Meine Situation ist ziemlich kompliziert.«

Ann nickte. »Dieses Gefühl hatte ich auch, als ich die Geschichte zum ersten Mal hörte. Bis mir der Gedanke kam, dass ich möglicherweise selbst diejenige bin, die die Situation erst so kompliziert machte.«

»Wie das?«, fragte Michael.

»Je mehr ich über die Geschichte nachdachte, desto mehr erschien sie mir … wirklich Sinn zu ergeben.«

»Interessant«, sagte Michael und trank seinen Kaffee. »Es war sehr großzügig von dir, mir diese Geschichte anzuvertrauen«, setzte er hinzu. »Ich hoffe nur, dass ich sie mir merken kann und eine Möglichkeit finde, davon Gebrauch zu machen.«

Ann holte ein Kärtchen aus ihrem Geldbeutel und gab es ihm. »Hier – eine kleine Gedächtnisstütze.«

Michael sah, dass das Kärtchen eine Zusammenfassung der Prinzipien der Gipfel und Täler zum Umgang mit guten und schlechten Zeiten enthielt. »Vielen Dank!«, sagte er.

»Das habe ich gern getan«, lächelte Ann. »Außerdem hatte ich der Person, die mir diese Geschichte erzählte, versprochen, wenn sich eine Gelegenheit dazu ergäbe, würde ich …«

»… sie anderen Menschen weitererzählen?«, fragte Michael.

Ann lachte. »Wie bist du nur darauf gekommen?«

In den nächsten Tagen fragte Michael sich immer wieder, wie er die Lektion dieser Geschichte auf sein Leben anwenden könnte, um jene Probleme zu lösen, mit denen er gerade zu kämpfen hatte.

Das Software-Unternehmen, bei dem Michael arbeitete, war gerade dabei, viele Arbeitsbereiche an Subunternehmer ins Ausland auszulagern. Er hatte das Gefühl, dass in absehbarer Zeit auch sein Arbeitsplatz gefährdet sein könnte.

»Wo liegt das Positive in dieser negativen Situation versteckt?« fragte er sich. Er konnte eigentlich überhaupt nichts Positives daran erkennen.

Wo liegt die Wahrheit in dieser Situation? Die Wahrheit lautete: Er machte seine Arbeit sehr gut. Aber es gab eben leider auch noch eine andere Wahrheit: nämlich die, dass es für seine Arbeit allmählich keinen Markt mehr gab.

Stimmte das wirklich?

Bemühe dich, wertvollere Dienste zu leisten. Wie ließ sich das auf seine Situation anwenden?

Gipfel und Täler stehen miteinander in Verbindung. Aus den klugen Schritten, die du heute unternimmst, wenn es dir schlecht geht, entstehen die guten Zeiten von morgen.

Hielt sein Unternehmen vielleicht zu sehr an der Vergangenheit fest? Womöglich mussten seine Vorgesetzten sich tatsächlich einmal überlegen, wie sie den neuen Kunden der Zukunft einen besseren Service bieten konnten.

Vielleicht war es für seine Firma höchste Zeit, den nächsten Gipfel anzusteuern – und ihn in allen Details realistisch vor sich zu sehen.

Michael begann seine Ideen mit ein paar Kollegen zu besprechen, die offen für neue Perspektiven zu sein schienen.

Sie bildeten eine Arbeitsgruppe und entdeckten tatsächlich ein paar innovative Wege, mehr Kunden einen besseren Service zu bieten. Und als sie diese Ideen in die Praxis umsetzten, änderte sich vieles!

Als Michaels Arbeitssituation sich zu bessern begann, fing er an, über sein Privatleben nachzudenken.

Mit seiner Frau Linda lief es nicht besonders gut. Sie waren beide berufstätig und ihre Ehe hatte unter dem ständigen Stress des Arbeitslebens und der schwierigen finanziellen Situation gelitten.

Michael dachte daran zurück, wie glücklich er in seinen ersten Ehejahren mit Linda gewesen war.

Tue mehr von dem, was dich auf den Gipfel gebracht hat.

Wodurch war ihre Ehe glücklich geworden? Was mussten sie öfter tun, um wieder so glücklich zu sein?

Er erinnerte sich daran, wie viele Eigenschaften ihm früher an Linda aufgefallen waren, die er schätzte und liebte. Nahm er diese positiven Eigenschaften seiner Frau mittlerweile als selbstverständlich hin?

Michael suchte nach Möglichkeiten, über sich selbst hinauszuwachsen und liebevoller zu werden. Er begann, seine Frau mit kleinen Aufmerksamkeiten zu verwöhnen. Und bald fiel Linda das auf.

Eines Tages erzählte er ihr von den Lektionen und wie sie sein Leben verändert hatten.

»Inzwischen hat sich unsere Beziehung wirklich sehr verbessert«, sagte er und hielt inne.

»Aber was Kevin angeht, steckst du immer noch in einem tiefen Tal«, führte Linda seinen Gedanken zu Ende.

Michael nickte. Er verstand sich sehr schlecht mit seinem Sohn, der gerade im Teenageralter war. Sie sprachen kaum noch miteinander.

Michael wünschte sich, Kevin würde die Schule ernster nehmen und nicht so oft mit seinen Freunden Musik machen.

Er dachte nun schon seit Tagen über dieses Problem nach und fragte sich: *Wo liegt die Wahrheit in dieser Situation?*

Die Wahrheit lautete, dass es ihm missfiel, dass sein Sohn sich so sehr für Musik interessierte. Aber der Junge liebte seine Musik nun einmal.

Wünsche führen zu keiner Handlung. Michael wusste, dass das Wünschen alleine nichts brachte und er *sich mit der Realität anfreunden* musste.

Er beschloss, eine sinnvolle Vision für sich und seinen Sohn zu entwickeln, und stellte sich vor, wie er als Vater gern sein wollte und wie er eine freundschaftliche Beziehung zu seinem Sohn gestalten wollte. Denn das Verhalten seines Sohnes konnte er nicht kontrollieren, wohl aber sein eigenes.

Er stellte sich vor, wie er in ein Konzert ging, bei dem Kevin mit seiner Band spielte – wie das Publikum klatschte und den Musikern zujubelte, und wie stolz und glücklich sein Sohn aussah. Was für ein Gefühl es sein würde, wenn Kevin ihn hinterher in der Garderobe liebevoll umarmte.

Und dann begann er alles zu *tun*, was nötig war, um den Gipfel zu erreichen, den er sich vorgestellt hatte.

Er kritisierte seinen Sohn nicht mehr, und wenn Kevins Freunde sich im Keller trafen, um Musik zu machen, ging er hinunter und hörte zu, ohne ein Wort zu sagen. Er hörte einfach nur zu, lächelte und winkte den Jungen freundlich zu, ehe er wieder ging.

Es dauerte zwar eine Weile, doch mit der Zeit begann Kevin auf den erstaunlichen Sinneswandel seines Vaters zu reagieren.

Auch Linda fiel diese Veränderung auf. »Wo ist nur dein Zynismus geblieben?«, fragte sie.

Michael lachte nur.

Irgendwann begann Linda sich zu fragen, ob sie diese Prinzipien von den Höhen und Tiefen vielleicht auch in ihrem eigenen Berufsleben anwenden konnte.

Das Budget der Schule, an der sie arbeitete, war schon wieder gekürzt worden. Die Situation war sehr angespannt.

Eines Tages erzählte sie einem Freund an ihrer Fakultät von den Gipfeln und Tälern, und ihm kam eine Idee: Warum brachten sie diese Methode nicht ihren Schülern bei?

Daraufhin bildeten die beiden Arbeitsgruppen und trafen sich nach dem Unterricht mit ihren Schülern, um ihnen zu helfen, besser mit ihren Tälern umzugehen und ihre Gipfel optimal zu nutzen.

Schon bald wirkte sich das neue Wissen positiv auf das Leben der Kinder aus – und auf das der Lehrer ebenfalls. Die Prinzipien sprachen sich herum und wurden jetzt auch an anderen Schulen gelehrt. Linda wurde schließlich zur Leiterin dieses Unterrichtsprogramms ernannt.

Glücklich erzählte Linda Michael von ihrem Erfolg. Am Abend feierten sie das Ereignis in demselben kleinen Café, in dem Ann Carr Michael einst von den Höhen und Tiefen, den Gipfeln und Tälern des Lebens erzählt hatte.

Sie erkannten beide, dass sich ihr Leben, beruflich wie privat, verbessert hatte, aber sie wussten auch, dass es sicher wieder schlechte Zeiten geben würde. Wie auch immer, sie hatten hilfreiche Prinzipien kennengelernt, mit denen sie das Beste aus jeder Situation machen konnten. Und es tat gut zu wissen, dass es sicher genügend Gelegenheiten geben würde, das Wissen mit anderen zu teilen.

Über den Autor

Spencer Johnson ist einer der anerkanntesten und meistgelesenen Autoren. Zu seinen elf internationalen Bestsellern zählen unter anderem *Die Mäuse-Strategie für Manager*, ein etablierter Ratgeber zum richtigen Umgang mit Veränderungen, und *Der Minuten-Manager*, eine der bekanntesten Management-Methoden weltweit (zusammen mit Ken Blanchard). Er wird für seine besondere Art, einfache Lösungen für komplexe Probleme verständlich zu beschreiben, sehr geschätzt.

Er hat einen Psychologie-Abschluss von der *University of Southern California* und promovierte am *Royal College of Surgeons*. Seine Famulatur schloss er an der *Mayo Clinic* und an der *Harvard Medical School* ab. Zudem war er für die *Harvard Business School* tätig und ist heute in Harvard Berater für das *Center for Public Leadership* an der *John F. Kennedy School of Government.*

Seine Arbeit findet großes Interesse bei den Medien. So wurde unter anderem von *Associated Press, BBC, CCN, Fortune*, in der *New York Times*, der *Today Show*, dem *Time Magazine*, *USA Today* und der *United Press International* über ihn berichtet.

Von seinen Büchern wurden weltweit mehr als 46 Millionen Exemplare verkauft und sie wurden in 47 Sprachen übersetzt.

VON GIPFELN UND TÄLERN: FÜR DAS BERUFS- UND PRIVATLEBEN

VOM RICHTIGEN UMGANG MIT GUTEN UND SCHLECHTEN ZEITEN:
Freunde dich mit der Realität an.
Egal, ob du gerade auf einem Gipfel oder in einem Tal stehst – frage dich stets: *Wo liegt die Wahrheit in dieser Situation?*

UM SCHNELLER AUS EINEM TAL HERAUSZUKOMMEN:
Entdecke das Positive, das sich in einer negativen Situation versteckt, und mache es dir zunutze.
Entspanne dich und mache dir klar, dass jedes Tal irgendwann ein Ende hat. Mache das Gegenteil von dem, was dich in das Tal gebracht hat. Wachse über dein eigenes Ego hinaus: Leiste bei der Arbeit wertvollere Dienste und sei liebevoller und aufmerksamer in deinem Privatleben. Vermeide Vergleiche mit anderen.

UM LÄNGER AUF EINEM GIPFEL ZU BLEIBEN:
Lerne die Höhen deines Lebens zu schätzen und gehe klug damit um.
Sei dankbar und bescheiden. Tue mehr von dem, was dich auf den Gipfel gebracht hat. Verbessere die Situation immer weiter. Setze dich mehr für andere ein. Spare Geld für die nächsten Täler.

UM ZUM NÄCHSTEN GIPFEL ZU KOMMEN:
Folge einer sinnvollen Vision.
Stelle dir deine bessere Zukunft in allen Details so genau und glaubhaft vor, dass du gerne alles tust, um dein Ziel zu erreichen.

UM DEINEN MITMENSCHEN ZU HELFEN:
Teile dein Wissen von den Gipfeln und Tälern mit anderen Menschen.
Hilf anderen Menschen, die Höhen und Tiefen ihres eigenen Lebens besser zu meistern.

www.PeaksAndValleysTheBook.com